오늘부터 예술가의 시선으로 삽니다

오늘부터 예술가의 시선으로 삽니다
하루 한 편, 마음을 살리는 감각의 기록

초 판 1쇄 2025년 11월 13일

지은이 이서영
펴낸이 류종렬

펴낸곳 미다스북스
본부장 임종익
편집장 이다경, 김가영
디자인 임인영, 윤가희
책임진행 이예나, 김요섭, 안채원, 김은진, 국소리

등록 2001년 3월 21일 제2001-000040호
주소 서울시 마포구 양화로 133 서교타워 711호
전화 02) 322-7802~3
팩스 02) 6007-1845
블로그 http://blog.naver.com/midasbooks
전자주소 midasbooks@hanmail.net
페이스북 https://www.facebook.com/midasbooks425
인스타그램 https://www.instagram.com/midasbooks

© 이서영, 미다스북스 2025, *Printed in Korea*.

ISBN 979-11-7355-589-3 03810

값 19,000원

※ 파본은 구입하신 서점에서 교환해드립니다.
※ 이 책에 실린 모든 콘텐츠는 미다스북스가 저작권자와의 계약에 따라 발행한 것이므로 인용하시거나 참고하실 경우 반드시 본사의 허락을 받으셔야 합니다.

미다스북스는 다음세대에게 필요한 지혜와 교양을 생각합니다.

오늘부터
예술가의

시선으로
삽니다

The Art of
Sensing

하루 한 편,
마음을 살리는 감각의 기록
—
이서영

미다스북스

010　프롤로그

1장　감각이 깨어나는 순간

- 017　가벼운 울림으로 시작된 하루
- 021　일상 속 나만의 전시
- 026　일상이 완성한 그림 한 점
- 030　스며드는 순간의 선물
- 034　그늘이 들려준 이야기
- 038　익숙한 자리의 위로
- 043　멈춤이 가르쳐 준 시선
- 047　삶에 숨어 있는 음악 한 줄

2장　도시를 걷는 감정의 색

- 053　달빛이 속삭이던 밤
- 057　빛깔이 숨어 있던 밤 골목
- 062　색이 건네는 긴 대화
- 066　발끝에도 반짝이는 별
- 070　하늘을 바라보는 예술가의 길
- 074　익어가는 관계의 색
- 079　색이 말을 걸어오는 인도
- 083　나를 따라온 그림자 하나

3장 **사색이 머무는 자리**

- 089 지고 피는 길 위에서
- 093 빛의 숲, 침묵의 대화
- 098 척박함 위에 선 단단함
- 102 흐름에서 배우는 쉼의 감각
- 106 안개 속에서 더 또렷해지는 것들
- 111 멈춤의 예술, 계절의 목소리
- 115 우연이 건네는 깨달음의 장면
- 120 틈이 만드는 연결

4장 **기억이 머무는 온도**

- 127 계단에 남은 대화
- 131 다시 걷는 익숙한 골목
- 136 다름을 받아들이는 연습
- 141 느린 밤, 기억의 필름
- 146 유리 너머, 또 다른 시선
- 151 창가에 머문 가을빛
- 155 작은 불빛의 위로
- 159 진실이 드러나는 얼굴

5장　당신을 향한 예술가의 바람

- 167　그림자 정원에서 띄우는 편지
- 172　노을이 그려낸 하루의 끝
- 177　다리 위, 붉은빛의 약속
- 181　마음이 쉬어가는 정물화
- 185　모든 것이 교차하는 순간
- 189　작음이 가진 힘
- 193　하얀 대화, 조용한 마침표

197　에필로그

프롤로그

눈에 보이는 것
이상을 보는 법

어릴 적, 표구사를 운영하던 아빠의 직업 덕분에 너무나도 자연스럽게 나의 일상은 그림과 함께였다. 지금 생각해 보면 흔히 보기 어려운 작품들도 더러 있었던 것 같다. 하지만 그 시절의 나는 그저 '액자를 기다리는 예쁜 그림들'로만 여겼다.

표구사 옆에는 파란 쪽문, 그 안은 아빠의 창고이자 내게는 세상에서 가장 좋은 놀이터였다. 나는 매일 크레파스로 벽을 가득 채우며 그림을 그렸다.
그때부터였을 것이다. 미술이란 것이 나의 삶에 아주 자연스럽게 스며들기 시작한 건.

나는 어릴 때부터 주변을 유심히 살피는 습관이 있었다. 지금도 그렇다. 이 말은 지금도 그렇다는 뜻이다. 그래서 종종 '산만하다'는 말을 들었지만, 이제는 그 말이 오히려 미소를 짓게 한다. 그건 나에게 '다른 시선으로 보는 능력'이라는 뜻이 되었으니까. 남들이 스쳐 가는 장면에 멈춰 서는 감각, 그것이야말로 예술가의 첫 번째 회복이었다.

익숙한 길보다 낯선 길을 더 좋아한다. 새로움 속에서 설렘을 찾기도 하지만, 낯선 풍경 속에서 오히려 익숙한 마음을 발견하기도 한다. 삶에는 낯섦과 익숙함이 공존해야 균형이 잡히니까.

세상을 다르게 보기 시작하는 순간, 일상은 온통 예술 작품이 된다. 우리는 모두 이미 예술의 언어를 알고 있다. 크레파스를 쥔 손끝, 노트에 남은 낙서 한 줄, 그 모든 흔적이 예술의 시작이다.

그럼에도 사람들은 여전히 미술을 어렵게 느낀다. "답이 없기 때문"이라고 말한다.

하지만 바로 그 지점에서 예술은 시작된다. 답이 없다는 사실을 받아들이는 순간, 우리는 이미 예술의 언어를 배우기 시작한 것이다.

강의 중에 나는 종종 이렇게 묻는다. "좋아하는 음악을 누군가에게 추천해 본 적 있나요?" 대부분 고개를 끄덕인다. 하지만 "좋아하는 그림을 추천해 본 적 있나요?"라고 물으면 대부분 머뭇거리거나 옆 사람을 바라본다.

삶의 질은 높아졌지만, 미술은 여전히 '가까이하기엔 먼 당신'으로 남아 있다. 미술관의 문턱 앞에서 주저하는 사람들, 스스로를 문외한이라 부르는 이들에게 나는 말하고 싶다.

"괜찮아요, 그 한 걸음만 내딛어도 이미 예술의 세계 안이에요."

나는 입버릇처럼 말한다. "일상이 예술이고, 예술이 일상이다." 예술은 결코 멀리 있지 않다.

그저 익숙한 풍경을 다른 시선으로 보는 일, 그게 바로 예술의 시작이다.

끝없는 넓은 바다를 보고도 좁은 수영장 안에 있듯 갇혀 살지 않았으면 좋겠다. 그만큼 미술에서도 경험이 중요하다. 이런 나의 말에도 여전히 미술관의 문턱을 넘기까지 쉽지 않을 수 있다. '문화 경험'이 주는 생소함 때문이다. 그래도 용기를 내서 내가 내민 손을 당신이 잡아준다면, 언제든지 미술관까지 가는 길을 흔쾌히 안내하려 한다.

그 전에 내 일상 곳곳에 숨어 있는 예술을 들여다봤으면 한다. 그 작은 시선의 이동이 감각을 다시 켜는 일의 시작이니까! 돌멩이 하나, 작은 화분 하나, 그 안에도 세상의 감정이 숨어 있다. 당신의 발끝에 챈 작은 돌이 삶을 버겁게 만드는 장애물이 아니라 잠시 멈춰 설 수 있는 쉼이 되길 바란다.

그렇게 일상이 예술이 되어간다면, 그 어떤 힘든 순간에도 버티고 살아갈 힘이 생길 테니까. 그게 바로 예술이 주는 힘이라는 걸 모두가 알게 될 테니까. 시선을 바꾸는 순간, 우리는 이미 회복의 문턱에 서 있다.

나는 지치거나 마음이 무거울 때면 아무 생각 없이 산책을 한다. 걷다 보면 처음엔 보이지 않던 것들이 하나둘 눈에 들어온다. 그 순간 나는 깨닫는다. '보는 법'을 바꾸면, 세상이 달라진다는 것을. 적어도 나는 그랬다.

그래서 오늘도 나는 원하는 것을 보기보다 단순히 눈에 보이는 것 이상을 보려 노력한다. 혹, 더 나은 내일을 기다리고 있다면 눈에 보이는 것 이상을 보려 노력해 보자. 장담컨대, 밑지는 장사는 아닐 거다. 감각은 회복될 수 있다. 아주 천천히, 그러나 확실하게.

1장

감각이 깨어나는 순간

The Art of Sensing

가벼운 울림으로 시작된 하루

비눗방울은 언제나 갑작스럽다. 하늘을 올려보다 보면 문득 눈에 들어오고, 다다르기 전에 터져 버린다. 가볍고 투명해서 더 오래 보고 싶은데, 잡으려 하면 사라지고 만다.

그래서일까. 너무 가볍고 짧은 순간임에도, 오히려 마음을 더 묵직하게 만든다. 잡히지 않기에 더 선명하게 남고, 너무 짧기에 더 깊이 각인된다. 사라진다는 걸 알면서도 우리는 그것을 자꾸 올려다본다.

비눗방울은 시간 같다. 가만히 두면 흘러가고, 손에 쥐려 하면 사라진다. 그래서 그 안엔 늘 '멈춤'의 감정이 들어 있다. 멈춰서 바라보아야만 온전히 느낄 수 있는 것들. 그것은 마치 우리가 놓치고 있는 하루의 장면들이기도 하다. 사진을 찍어 다시 들여다볼 때, 프레임 속에 담긴 건 하늘이나 비눗방울이 아니라 그 순간 내가 바라본 시선이라는 걸 깨닫게 된다.

그날도 그랬다. 송현이가 만들어 준 비눗방울 몇 개가 바람을 타고 나무 사이를 넘어 하늘로 부드럽게 흘러갔다. 구름 사이로 스며드는 빛에 투명한 방울이 닿을 때마다 무지갯빛이 번졌고, 나는 한참 동안 그 장면을 바라봤다.

예술은 언제나 이런 우연한 장면에서 시작된다고 믿는다. 특별히 아름답게 꾸미지 않아도 그 자체로 충분히 시가 되고, 그림이 되니까.

이쯤에서 오귀스트 르누아르(Auguste Renoir)의 작품들이 떠오른다. 그의 그림 속 아이들과 빛, 산들거리는 색의 움직임은 삶의 찰나를 포착한 듯 따뜻하다. 특히 「비눗방울을 부는 소녀(Jeune fille soufflant des bulles de savon)」는 평범한 일상에서도 경쾌한 생명감을 담고 있다.

"The pain passes, but the beauty remains."
고통은 지나가고, 아름다움은 남는다.

오귀스트 르누아르(Auguste Renoir)

그날의 방울은 이미 사라졌지만, 내 마음 어딘가에는 여전히 남아 있다. 가볍지만 잊히지 않는 것, 그것이 예술의 형태 아닐까. 사라진 장면이 마음에 남는 이유는, 그때의 빛이 아직도 내 안에서 반짝이고 있기 때문이다.

일상 속 나만의 전시

우리의 눈은 하루 종일 쉼 없이 무언가를 본다. 거리를 지나치는 사람들, 창문 너머의 하늘, 손안의 화면까지. 하지만 그중 무엇을 '정말로 보았다'라고 할 수 있을까? 분명 보고는 있지만, 마음에 닿는 장면은 따로 있다.

그날도 그랬다. 책을 좋아하는 언니와 함께 독립서점을 찾아가던 길. 우연히 골목 어귀 2층에 자리한 소품 가게를 발견했다.
'들어가 볼래?'
'응!'
눈빛을 주고받고는 바로 계단을 올랐다. 성격도, 취향도 다르지만, 이상하게도 이런 순간엔 묘하게 잘 맞는다. 우리는 소품을 하나씩 들여다보며 마치 어린아이가 된 듯 웃음을 터뜨렸다.

얼마쯤 시간이 흘렀을까. 나는 문득 이곳이 일상의 바깥, 작은 전시장처럼 느껴졌다. 그때 벽에 비친 작은 그림자 하나가 눈에 들어왔다. 그건 분명 고래였다. 거칠지도 않고, 명확하지도 않았지만, 흐릿한 곡선이 유영하듯 나아가고 있었다.

그 장면을 보여주고 싶어 나는 외쳤다.
"언니, 여기 고래 한 마리 있어!"
언니는 두리번거리며 고래를 찾았지만 끝내 발견하지 못했다. 나는 웃으며 그림자를 가리켰고, 언니는 "너 진짜 엉뚱해."라며 미소 지었다. 그 웃음 속에는 나를 이해하는 사람만이 보여줄 수 있는 따뜻함이 담겨 있었다.

내 눈은 다시 종이 모빌이 만든 그림자를 따라갔다. 그것은 단순한 조명 아래의 투영이 아니라, 내 상상력 위에 그려진 또 하나의 장면이었다. 호기심을 참지 못하고 살짝 모빌을 '톡' 건드리자, 고래는 바람을 타고 방향을 바꾸며 헤엄쳤다.

그 찰나에 깨달았다. 지금, 이 풍경은 누군가의 작품이 아니라 내가 만든 '나만의 전시'라는 사실을. 그리고 나는 미술관도, 갤러리도 아닌 이름 없는 벽 앞에서 가장 자유로운 감상의 시간을 보내고 있었다. 화가 파울 클레(Paul Klee)는 이렇게 말했다.

"I do not paint what I see, but what I make visible."
나는 눈에 보이는 것을 그리는 것이 아니라, 보이게 하는 것을 그린다.

파울 클레(Paul Klee)

그의 말은 창작의 선언인 동시에 감상의 권한을 되찾는 문장이기도 하다. 예술은 결국 보는 이의 몫이다. 대상이 무엇처럼 보이느냐보다, 그것이 어떻게 마음에 닿는가가 더 중요하다.

모빌의 그림자가 고래로 보였던 이유도 마찬가지다. 내 눈이 특별해서가 아니라 내 마음이 그 고래를 원했기 때문일 것이다.

이처럼 예술은 반드시 벽에 걸려 있어야 하는 것도, 값비싼 이름표가 붙어 있어야 하는 것도 아니다.

고래를 만든 것도, 고래를 본 것도, 그 순간을 특별하게 만든 것도 결국 나의 시선이었다.

그 시선 하나로 어린 시절 동화책 속으로 돌아갈 수 있었고, 고래가 자유롭게 헤엄치던 마음의 바다를 상상할 수 있었다. 그림자를 건드리면 고래가 움직이듯, 상상은 내 마음의 깊은 곳을 흔든다.

이제 나는 믿는다. 작품은 어디에나 있다. 단지 그것을 고래처럼 볼 수 있는 눈이 필요할 뿐이다.

그 상상력이 어쩌면 지식보다 더 먼 곳으로 나를 이끌지도 모른다.

상상이 현실보다 더 진실할 수 있다는 것, 그건 예술만이 주는 마법이 아닐까.

그날의 고래는 사라졌지만, 그 순간의 시선은 내 안의 전시로 남았다.

그리고 나는 오늘도, 일상 속 또 다른 전시를 찾아 걷는다.

일상이 완성한 그림 한 점

오늘부터 예술가의 시선으로 삽니다

보슬비가 내리는 날이었다. 창밖의 초록이 유난히 짙었고, 습한 공기 속에서 작은 물방울이 잔잔한 음악처럼 흘러내렸다.

덕분에 친구들과 함께한 와인 모임에 운치가 더해졌다.

그래서인지 우리는 본격적으로 시작하기 전부터 한껏 들떠 있었고, 서로 가져온 와인 잔을 줄 세워 사진 찍기에 바빴다.

그렇게 담아본 와인 잔은 비어 있었지만, 어쩐지 무언가 가득 담긴 듯했다. 바깥 풍경이 잔 속으로 투과되어 각자의 세계를 만들어 내고 있었으니까.

와인 잔은 서로 닮았음에도 같지 않았다. 다리의 색이 다르고, 밑받침이 다르고, 심지어 그 안에 비친 풍경조차 모두 달랐다. 같은 방향을 바라보고 있지만, 조금씩 다른 각도와 깊이로 세상을 받아들이고 있는 것만 같았다.

그 모습은 마치 다섯 명의 작가가 연출한 전시장 같았다.

각자 다른 화풍과 시선으로 하나의 자연을 해석하는 방식. 하얗게 비친 잔 하나에는 흐릿한 안개가 담기고, 또 다른 잔에는 연둣빛 초록이 선명하게 각인되었다. 그건 단지 반사된 풍경이 아니었다. '어떤 시선으로 바라보느냐에 따라 세상의 모양이 달라진다'라는 증거였다.

나는 오래도록 그 잔들을 바라보았다.

아무도 말을 걸지 않았지만, 그 안의 수많은 이야기가 들려오는 듯했다. 무엇보다 잔 하나하나가 빛을 머금은 방식이 달라 그 자리에 모인 우리의 감정처럼 다가왔다.

그 순간 문득 조르조 모란디(Giorgio Morandi)의 작품들이 떠올랐다. 그는 단정한 색과 단순한 형체로 병과 잔을 그렸지만, 그 안에는 언제나 미세하게 다른 감정의 흔적이 스며 있었다.

그래서인지 내 눈앞의 와인 잔들도 평범해 보이지 않았다.

"Nothing is more abstract than reality."

현실만큼 추상적인 것은 없다.

조르조 모란디(Giorgio Morandi)

모란디의 말처럼, 현실 속 아주 사소한 차이가 결국 가장 깊은 감동을 만들어 낸다.

그의 병과 잔처럼, 우리의 일상 또한 닮아 있으면서도 각자의 결을 지킨다.

작품은 멀리 있지 않다.

멈춰 바라보는 시선 하나가 일상을 한 점의 그림으로 완성한다. 비어 있던 와인 잔 너머로, 내 마음에는 숲 하나가 가득했다. 서로의 시선이 모이는 그 순간 일상은 예술이 된다.

스며드는 순간의 선물

전시를 함께 보는 사람이 있다는 건 큰 행운이다.

비슷한 감각으로 같은 풍경을 보고, 각자의 언어로 전시를 해석하며, 무심코 지나칠 뻔한 장면을 서로의 눈으로 다시 되짚어 보는 일. 나에게는 그런 전시 메이트가 있다.

이름보다 함께 본 작품이 먼저 떠오르는 사람.

함께 걷다 보면, 말이 없어도 마음이 채워지는 사람.

우리는 오래 알고 지낸 친구 같기도 하고, 때론 예술에 관한 대화를 나눌 수 있는 귀한 동료 같기도 하다.

그날도 함께 전시를 보고 나오는 길이었다.

무엇을 감상한 직후의 시간은 언제나 조금 붕 떠 있다. 현실과 상상의 경계가 흐려지고, 내가 나를 바라보는 시선조차 어딘가 멀어진 듯한 기분.

그렇게 건물을 빠져나오려던 찰나, 눈앞에 아주 조용히 빛이 내려앉아 있었다.

금이 간 바닥 위로 교차한 햇살, 그리고 그 교차점에서 피어나는 작은 무지개.

   그건 이제 막 보고 나온 전시의 마지막 한 작품처럼 느껴졌다.

   누구도 의도하지 않았고, 누구도 연출하지 않았지만, 그 장면은 내 마음에 가장 명확한 메시지로 남았다.

   조금 더 가까이 다가가 보았다.

   햇살이 유리창을 지나 방향을 바꾸며, 바닥의 작은 굴곡과 금 위로 무지갯빛을 흩뿌리고 있었다.

   그 교차점은 어느 방향으로도 정확하지 않았지만, 오히려 그 불완전함이 더 아름다웠다.

   그 모든 선이 흘러 들어온 중심에 나는 우두커니 섰다.

   고개를 돌리자, 전시 메이트 역시 그 장면을 렌즈에 담고 있었다.

   우리는 아무 말 없이 눈빛을 주고받았다.

   어쩌면 그것은 말보다 확실한 동의였을 것이다.

그사이 빛은 흩어지고, 그 끝에는 무지갯빛 하나만이 남았다.

그날의 작은 무지개는 전시의 마지막 장면이자, 우리 하루의 마무리 같았다.

마치 선물처럼, 누구도 놓치지 않은 아주 사적인 감상의 결말이었다.

빛은 사라졌지만, 그때 스며든 온도는 오래도록 내 안을 환하게 비췄다.

그리고 나는 그날의 교차점을 기억한다.

삶도 결국 이런 빛의 순간들로 엮여 있는 것이 아닐까.

서로의 시선이 만나 스며드는 그 지점에서, 우리는 매일의 선물을 발견한다.

그늘이 들려준 이야기

전시장에 잠시 머물렀던 날이었다. 관람객이 많지 않아 고요했다. 그래서였을까. 작품보다 오히려 공간 자체가 감상을 끌어내는 듯했다.

그때, 무언가가 내 시선을 붙잡았다. 천장에서 떨어진 빛이 조용히 벽을 타고 흘러내리고 있었다. 그 빛을 따라 그림자는 어지럽게 드리워졌고, 나뭇잎은 마치 누군가의 붓질처럼 벽 위를 스쳤다.

누군가가 그린 것도 아닌데, 이미 완성된 그림 같았다. 회색 벽돌 위에 새겨진 잎사귀의 실루엣은 사물의 그림자를 넘어, 그 자체로 또 하나의 존재감을 만들어 내고 있었다. 나는 그 앞에서 한참을 서 있었다. 작품을 감상하듯, 시간을 잊은 채.
그림자는 느리게 움직이며, 그곳에 흐르는 시간을 조용히 드러냈다.

그러다 바람이 멈추자, 모든 것이 정지된 영상처럼 고요해졌다.

그 순간 나는 배웠다. 가장 정적인 풍경 속에, 가장 많은 생동감이 숨어 있다는 것을.

"Art is not what you see, but what you make others see."
예술이란 당신이 보는 것이 아니라, 다른 사람들이 보게 만드는 것이다.

에드가르 드가(Edgar Degas)

빛이 사라지면 그림자도 함께 사라진다. 그러나 그것은 소멸이 아니라, 다시 돌아올 때를 기다리는 시간일 뿐이다.

하루에 단 한 번,
그 빛이 정확히 그 각도로 떨어지는 순간, 그 벽은 다시 그림이 된다.
누가 의도하지 않아도, 누가 설명하지 않아도, 빛과 잎이 잠깐이라도 겹치는 그 찰나, 그것은 이미 예술이 된다.

그날 전시장 한켠, 벽에 기대어 선 나뭇잎 하나가 나에게 나지막이 속삭였다.

"예술은 언제나, 기다림 끝에 다시 빛난다."

익숙한 자리의 위로

유난히 빛이 선명한 날이 있다.

그럴 때면 유리창 너머로 쏟아지는 햇살이 공간 전체를 씻어내듯 번지고, 그 빛은 사물의 형체를 따라 그림자를 만든다. 그런 그림자는 단지 어둠이 아니라, 사물이 '존재하고 있음을' 조용히 증명하는 또 하나의 방식이다.

유독 고요한 오후.

회색 벽돌과 밝은 바닥 위, 샛노란 소파 하나가 놓인 공간에 들어섰을 때였다. 소파 옆 화분은 긴 그림자를 드리웠고, 그 그림자들은 서로 겹치며 한 장의 풍경화를 완성하고 있었다.

나는 그 장면을 그냥 지나칠 수 없었다. 정중앙에 멈춰 서서, 숨도 크게 쉬지 못할 만큼 완벽한 구성이었다. 빛은 벽을 타고 내려오고 있었고, 식물들은 그 빛에 몸을 기대어 자신을 바닥에 새기고 있었다. 그 어디에도 급함은 없었다. 마치 오래전부터 준비되어 있었던 듯, 조용히 '지금'을 연출하고 있었다.

이렇게 나는 종종 그림자를 바라본다. 사람들의 눈은 늘 빛을 따라가지만, 내 눈은 그늘에 먼저 닿는다. 빛은 눈 부셔서 오래 보기 어렵지만, 그림자는 빛이 어디에 있는지를 말없이 알려준다. 그래서 더 매력적이다.

내 앞의 그림자도 그랬다. 화분의 이파리 그림자는 바람에 따라 아주 조금씩 흔들렸고, 그건 그 순간에도 여전히 무언가가 '살아 있음'을 보여주었다. 그리고 노란 소파는 마치 누군가를 기다리는 듯했다. 누군가 앉아 주기를, 혹은 아무도 앉지 않기를.

그때 문득 깨달았다. 우리는 종종 '보이는 것'에만 집중하느라 그림자를 놓치며 살아간다. 그러나 그림자는 존재의 또 다른 기록이며, 사물의 본질은 오히려 그 그림자를 통해 더 깊이 전해진다. 그 순간, 제임스 터렐(James Turrell)의 말이 떠올랐다.

"Light is not so much something that reveals, as it is

itself the revelation."

빛은 무언가를 드러내는 도구라기보다, 그 자체가 드러남이다.

제임스 터렐(James Turrell)

그의 말을 눈앞의 장면에 비추어 보니, 평범한 일상조차 충분히 예술이 될 수 있음을 느꼈다.

소파, 화분, 벽, 빛 그 어떤 장치도 없었지만, 한낮의 햇살만으로 완성된 빛과 그림자의 조화가 내 마음 깊은 곳을 조용히 울렸다.

그제야 알았다. 빛이 있는 곳에는 반드시 그림자가 있고, 그 그림자까지 볼 수 있을 때 비로소 풍경의 가치를 온전히 느낄 수 있다는 것을.

그날 이후로 그림자는 내게 단순한 실루엣이 아니었다. 시간, 온기, 공간의 깊이로 스며든 존재였다. 나는 누구도 다가오지 않는 정적 속에서 그 그림자들을 하나하나 따라 읽어 내려갔다.

예술은 본디, 그림자 속에 숨은 빛을 추적하는 일이라 생각한다. 설명할 수 없는 감정을 장면으로 받아들이고, 그 순간을 마음에 새기는 것. 그림자는 언제나 말없이 거기에 있다. 우리가 그것을 바라볼 준비가 되었을 때, 비로소 그 조용한 언어를 들을 수 있다.

그날의 나는 아무것도 하지 않았다. 그저 바라보았다.
빛이 있었고, 그림자가 있었고, 나는 그 사이에 잠시 머물렀다. 아무 말도 없었지만, 마음 한켠이 환하게 열렸다. 그 하루는 오래도록 나를 비췄다.

멈춤이 가르쳐 준 시선

도시를 조금만 벗어나도 우리는 전혀 다른 리듬의 세계에 도착한다. 그날도 그랬다. 늦은 저녁, 지인 부부와 함께한 조용한 라운딩. 경기라기보다 산책에 가까웠고, 경쟁보다는 호흡에 가까웠다.

도시의 조명이 닿지 않는 곳을 걷자, 자연의 소리가 음악처럼 들려오기 시작했다. 바람이 지나가는 방향, 풀잎이 몸을 기울이는 속도, 작은 물살이 풀숲을 스치며 남기는 파장까지 그 모든 것이 내 감각을 천천히 깨웠다.

얼마쯤 지났을까.
가늘고 긴 풀들이 둘러싼 고요한 연못에 다다랐다. 그 위에는 아주 가볍게 떠 있는 작은 배 한 척이 있었다. 그 풍경을 본 순간, 나는 그대로 멈춰 섰다.

빛과 그림자가 공존하는 정적. 잔잔한 수면 위로 비친 가로등의 불빛은 마치 달빛처럼 차분히 퍼져나갔고, 수면 아래에는 나무의 형체가 뒤집혀 있었다. 현실과 환상의 경계가

희미해진 순간이었다.

그 풍경은 강렬하지 않았지만, 그 앞에 서 있는 것만으로도 마음이 차분히 정리되는 듯했다. 나는 문득 어둠이 다 가리지 못한 빛, 그 빛이 머문 자리마다 세상이 온화하게 느껴지는 그 풍경에 '밤의 정원'이라는 이름을 붙이고 싶어졌다. 그때, 존 러스킨(John Ruskin)의 말이 떠올랐다.

"Nature is always near us; but we are too busy to see her."

자연은 언제나 우리 곁에 있다. 다만 우리가 너무 바빠, 자주 그걸 놓치고 있을 뿐이다.

존 러스킨(John Ruskin)

비로소 멈춘 나와 마주했다. 말 그대로 어떤 생각도, 계획도 없이 그 자체로 충분했던 밤이었다. 도시에서의 생활은 언제나 빠르다. 모든 것이 명확해야 하고, 움직여야만 존재감을 증명할 수 있다.

그러나 그곳에서는 오히려 움직이지 않는 대상들이 더 강하게 존재했다. 풀 한 포기, 배 한 척, 가만히 떠 있는 빛의 조각조차도 말 없는 언어로 나를 어루만졌다. 카메라에 그 장면을 담으며 문득 이런 생각이 들었다.

'도시는 매일 새로운 정보를 주지만, 자연은 나 자신으로 돌아오게 만든다.'
그랬다.
그날의 라운딩은 단순한 운동에 그치지 않았다. 내 안의 불필요한 소음을 덜어내고, 고요함을 채우는 시간이었으며, 마치 한 점의 정물화 속을 직접 걷는 듯한 감상의 순간이었다.

무엇보다 호수 위에 머물던 한 줄기 빛은 내 마음 깊은 곳까지 도달해 잠시 잊고 있던 '쉼'의 감각을 되살려 주었다. 그날의 멈춤은, 움직임보다 더 깊은 울림이었다.

삶에 숨어 있는 음악 한 줄

언젠가부터 하늘을 올려다보는 일이 일상이 되었다. 걷다가도, 차창 밖을 바라보다가도 내 시선은 자주 하늘로 향한다. 그리고 그것이 단순히 목을 드는 행위가 아니라, 잠시 마음을 들어 올리는 일처럼 느껴지기 시작했다.

오늘도 그런 순간이 있었다. 짙지도 연하지도 않은 하늘을 배경으로 나란히 뻗은 전선들이 눈에 들어왔다. 정확히 다섯 줄은 아니었지만, 내 눈에는 오선지로 보였고, 그 뒤로 구름이 겹겹이 쌓여 부드러운 화음을 이루고 있었다.

때마침 작은 새 한 마리가 지나가며, 경쾌한 음표처럼 날아올라 분위기를 완성했다. 그건 눈으로 본 풍경이라기보다 귀로 들리는 멜로디에 가까웠다. 전봇대 위에 얹힌 가로등은 쉼표 같았고, 구름의 그림자는 낮게 깔린 저음의 베이스처럼 전체 분위기를 단단히 받쳐주고 있었다.
  누구도 연주하고 있지 않았지만, 하늘 위에는 분명 조용한 선율이 흐르고 있었다.

나는 그 음악을 감상한 것이다. 아마 대부분은 나와 같은 장면을 보았더라도 아무렇지 않게 지나쳤을지도 모른다. 하늘, 전깃줄, 구름, 새, 가로등은 언제 어디서든 쉽게 볼 수 있는 대상이니까.

하지만 그 순간, 내 모든 감각이 깨어나며 작은 교향곡처럼 그 풍경을 받아들였다.

나는 종종 이런 생각을 한다. 예술은 거창하거나 화려할 필요가 없다. 그저 감각이 머무는 자리와 그 감각을 믿어주는 시선이 있다면, 어디서든 예술은 시작될 수 있다.

그때 바실리 칸딘스키(Wassily Kandinsky)의 말이 떠올랐다.

"Color is the keyboard, the eyes are the hammers, the soul is the piano with many strings."

색은 건반이고, 눈은 해머이며, 영혼은 많은 현을 가진 피아노다.

바실리 칸딘스키(Wassily Kandinsky)

그의 말을 빌리자면, 오늘 내 눈은 건반 위를 스치는 음악가의 손가락 같았다.

색과 선, 형태와 거리감이 단지 시각적 경험을 넘어 내 감정의 줄들을 조용히 울리고 있었다.

음악처럼 들리는 풍경은, 결국 우리를 멈추게 한다. 그 순간 우리는 듣고, 본다. 그리고 그 멈춤 속에서 우리는 생각한다. '이건 뭐지?' 그때부터 세상이 다르게 보인다. 그래서 나는 하늘을 감상하며, 음악을 들은 사람처럼 미소 지을 수 있었다.

당신도 가끔은 하늘을 올려다보는 사람이었으면 좋겠다. 그 안에는 예상보다 많은 선율이 숨어 있으니, 무심히 지나치는 일상의 풍경 속에서 한 줄의 음악처럼 당신의 마음을 적시는 순간을 만나길 바란다.

2장

도시를 걷는 감정의 색

The Art of Sensing

달빛이 속삭이던 밤

2장 도시를 걷는 감정의 색

구름 한 점 없이 맑은 밤하늘이었다. 도시에서 조금만 벗어났을 뿐인데, 세상이 이렇게도 달라질 수 있을까 싶을 정도로 하늘은 깊고 또렷했다. 차를 멈추고, 하늘을 올려다보았다. 그곳엔 마치 누군가 정성스럽게 붙여놓은 듯한 초승달 하나. 그리고 그 옆에 나란히 빛나는 별 두 개가 있었다.

모두가 조용히, 그러나 분명히 존재하고 있었다. 그 장면은 마치 빈센트 반 고흐(Vincent van Gogh)의 캔버스 같았다. 달의 밝은 테두리 너머로, 그림자처럼 얇게 드러난 둥근 윤곽.

그 안에는 우리가 평소 잘 보지 못하는 '어둠의 얼굴'이 있었다. 하지만 그 어둠마저도 달의 일부였고, 어쩌면 더 깊은 아름다움이었는지도 모른다.

고흐가 「별이 빛나는 밤(The Starry Night)」에서 그랬듯, 나 역시 이 밤을 오래 바라보았다. 별과 달, 그리고 그 주변을 감싸는 침묵. 그것들은 아무 말도 하지 않지만, 오히려 그렇기에 더 많은 이야기를 건네왔다.

"It often seems to me that the night is much more alive and richly colored than the day."

밤이 낮보다 훨씬 더 살아 있고, 더 풍부한 색을 띠고 있는 듯 느껴질 때가 많다.

빈센트 반 고흐(Vincent van Gogh), 『테오에게 보낸 편지(Letters to Theo)』, 1888년

환한 도시는, 어둠조차 허락하지 않는다. 하지만 자연은, 밤이면 온전히 어둠을 허락한다.

그리고 그 어둠 속에서야 비로소 진짜 빛이 선명해진다. 이 밤의 색은 검정이 아니었다. 어둠을 닮은 파랑이었다. 무겁지도, 가볍지도 않은 깊은 감정의 색.

나는 문득 생각했다.

도시의 빛은 너무 많아서 별이 보이지 않는다. 그러나 빛이 줄어들면, 그제야 하늘의 구성이 드러난다. 도시의 색은 언제나 화려하지만, 그 화려함이 때로는 우리가 봐야 할 것을 가리고 있을지도 모른다. 그리고 그 가장자리에서, 이런 고요한 밤 하나가 우리의 마음을 되돌린다.

그날의 밤은 달이 주인공이 아니었다. 그 옆에서 조용히 반짝이던 두 개의 별, 그리고 그림자처럼 누워 있던 나무들의 실루엣. 모든 것이 하나의 장면으로 완성되어 있었다.

나는 그 풍경을 마음에 담고, 아주 조용히 속삭이듯 셔터를 눌렀다. 누군가는 이걸 아무것도 아닌 밤하늘이라 부를지 모르지만, 나에게는 아주 오래 기억될 하나의 전시였다.

빛깔이 숨어 있던 밤 골목

057
2장 도시를 걷는 감정의 색

서울에서의 하루를 마치고 늦은 시간, 익숙하지 않은 동네의 골목길을 걷고 있었다. 약속이 끝난 뒤, 굳이 택시를 타지 않고 잠시 걸어보기로 했다. 차가운 공기와 낯선 조명이 섞인 이 골목은 묘하게 따뜻했다.

길은 좁았고, 양옆의 건물들은 다닥다닥 붙어 있었지만, 하늘만큼은 의외로 높고 탁 트여 있었다. 그 하늘이, 그날따라 참 깊었다.

도시의 밤은 늘 밝다.
가로등, 간판, 자동차 불빛, 아파트 창문 사이로 새어 나오는 생활의 잔광들이 어둠을 좀처럼 허락하지 않는다. 하지만 그날의 밤은 묘하게 어두웠고, 그래서 더 선명하게 빛이 느껴졌다. 구름이 조용히 흐르고 있었고, 전선 위로 별빛 하나가 걸려 있었다. 복잡한 선들이 교차하는 풍경. 그 아래에 서 있던 나는 잠시 멈춰 섰다.

문득 르네 마그리트(René Magritte)의 작품이 떠올랐다.

특히 내가 유독 좋아하는 그림, 밤과 낮이 동시에 존재하는 풍경 「빛의 제국(L'Empire des Lumières)」. 밝은 낮의 하늘과 어두운 거리 풍경이 공존하는 그 비현실적인 장면은 지금 내가 서 있는 이 골목과 닮아 있었다.

현실이면서도 어딘가 꿈처럼 비현실적인 풍경. 사진 속 하늘은 파랗고, 구름은 희며, 골목 아래는 노랗게 물들어 있었다. 도시의 색은 원색이 아니다. 삶의 온도와 시간의 흐름이 겹겹이 쌓여 만들어 낸, 채도는 낮지만 깊이를 가진 빛들이다.

이곳은 낮 동안의 소음과 분주함을 잠시 내려놓고 숨을 고르는 공간 같았다. 빨래가 널려 있지 않아도 널려 있을 것만 같은 베란다의 기척, 밤늦게 켜진 불빛, 조용히 울리는 보일러 소리까지 모두 이 골목의 일부였다.

전선이 만들어 내는 선들은 하늘을 가르고 있었지만, 그조차도 이 도시의 구조이자 아름다움이었다. 도시에서 하늘을 본다는 건 흔치 않은 일이지만, 이렇게 무심코 마주하는 하늘은 언제나 선물처럼 다가온다.

사실 도시의 색은 화려함에 있지 않다. 나는 도시의 가장 진한 색은 '밤'이라고 생각한다.
모든 색이 가라앉고, 감정이 섞이며, 빛이 사라질 듯 스며드는 시간. 그 안에 사람의 온기와 흔적이 고스란히 남는다.

낮에는 미처 보지 못했던 장면들이 밤이 되면 차분하게 드러나곤 한다. 그날 골목길의 밤은 하나의 캔버스 같았다. 마그리트가 현실과 환상을 뒤섞어 놓은 것처럼, 이 도시의 밤도 현실과 감정의 경계를 흐릿하게 만들고 있었다. 그 골목길에서 나는 하루의 끝이 아닌, 또 다른 시작을 본 것만 같았다.

언제부턴가 나는 밤이 아름답다고 느끼게 되었다. 낮보다 더 정확하게 '지금'을 바라볼 수 있어서다. 낮에는 가려졌던 것들이, 밤에는 비로소 제 색을 찾는다. 그리고 그 속에서 나는 내 마음의 색을 천천히 읽는다.

그날의 밤, 그 골목, 그 하늘. 모든 게 너무 선명해서 한참을 바라보았나 보다.

그리고 마음 깊은 곳에서 이렇게 중얼거렸다.

"오늘 하루도, 참 다정했다."

색이 건네는 긴 대화

오늘부터 예술가의 시선으로 삽니다

강원도 여행 중, 우리는 작은 시장에 들렀다. 특별한 것 없는 동네 시장이었지만, 유난히 눈에 띄는 간판 하나가 있었다. 그 간판 앞에서 우리는 한참 동안 발걸음을 멈췄다.

초록과 빨강.
어찌 보면 흔한 조합일지 모르지만, 푸르게 바랜 초록색 바탕 위에 빨간색 입체 글씨가 툭 하고 솟아 있었다. 누가 보면 대수롭지 않게 지나칠 풍경이었겠지만, 색을 들여다보는 우리에게 그 간판은 도시 속 명작과도 같았다.

낡은 철골과 벗겨진 페인트의 흔적, 그 위에 눌러쓴 듯한 '상회' 두 글자는 세월의 질감을 고스란히 품고 있었다. 빨강과 초록, 상반된 두 색이 어쩌면 이렇게 조화를 이루고 있을까.
색은 단지 예쁘고 고운 것만이 아니었다.

누군가의 손때가 묻고, 시간이 쌓이고, 햇빛에 바래면 오히려 더 깊은 이야기를 들려준다.
함께한 대학원 선생님들과 나는 마치 미술관 도슨트라도

된 듯 시장 한복판, 그것도 간판 앞에서 이야기꽃을 피웠다.

"이 빨강은 명도보다 채도가 강하네요."
"이 초록은 80년대 건축 색감의 잔재 같아요."
그렇게 하나의 간판이 도시의 색, 그리고 도시의 기억을 풀어내기 시작했다.

누군가는 간판의 곡선을 따라 손가락을 움직였고, 누군가는 카메라를 꺼냈다. 그 장면은 여느 미술관 못지않은 감상의 시간이었고, 우리는 그 안에서 충분히 예술을 누리고 있었다.

문득 에드워드 호퍼(Edward Hopper)의 작품이 떠올랐다. 특히 「이른 일요일 아침(Early Sunday Morning)」(1930). 간결한 선과 평범한 상점들, 무심히 지나칠 법한 거리 풍경이지만 이상하게도 오래 바라보게 되는 장면. 익숙한 도시의 풍경 속에 스며든 고요함과 단단함. 오늘 내가 서 있는 이 시장 거리도 그랬다.

예술을 한다는 건 결국, 일상에서 예술을 알아보는 눈을 갖는 일 아닐까. 하루의 시간대에 따라, 또 함께 서 있는 이의 시선에 따라 색은 다르게 빛난다.

도시의 예술은 이렇다. 그림이 프레임을 벗어나도 괜찮고, 작가가 누군지 몰라도 상관없다. 길 위에 펼쳐진 모든 장면이 색을 머금고 있고, 그 색이 감정을 움직인다. 우리는 그저 멈춰 서서 보기만 하면 된다.

정돈되지 않은 시장의 풍경도, 바랜 간판 하나도, 그걸 바라보는 우리의 시선이 예술이 된다면 그 순간은 이미 예술이 되는 거니까.

그때, 지나가던 한 아주머니가 물었다.
"거기 뭐가 있어요?"
나는 웃으며 대답했다.
"예술이요. 오늘은 여기에서 전시 중이에요."

발끝에도 반짝이는 별

그날은 바람도, 하늘도 모두 선명했던 날이었다. 대구 간송미술관이 새로 개관했다는 소식에 나는 일정을 접고 한걸음에 그곳으로 향했다. 미술관을 향한 설렘은 언제나 그렇듯 하루의 온도를 단번에 바꿔놓는다.

사람은 그 어느 때보다 많았지만, 건물은 정갈하고 조용했다. 그 자체로 거대한 하나의 설치 작품처럼 느껴졌고, 나는 그 안을 천천히 거닐며 벽의 결, 빛의 흐름, 그리고 그림자까지도 오래 들여다보았다.

그러다 무심히 난간에 기대어 아래를 내려다본 순간, 바닥에는 작은 별처럼 박혀 있던 조명이 보였다. 그 조명은 마치 어두운 땅 위에 내려앉은 달빛의 파편 같았다. 그 중심엔 한 기둥이 우직하게 자리를 지키고 있었다. 오랜 나이테를 품은 듯한 이 기둥은 마치 이렇게 말하는 것 같았다.
"버텨도 괜찮아."

요즘 자주 흔들렸던 나에게, 그 말은 조용하지만 분명한 위로였다. 나는 가끔 이런 생각을 한다. 예술가의 시선이란 고개를 들어 하늘을 보는 일이 아니라, 고개를 숙여 땅 위의 별을 발견하는 일이라고. 많은 이들이 스쳐 지나치는 바닥, 그 속에도 이야기가 있고, 마음이 머무는 순간이 있다.

이 장면을 떠올리면 늘 르코르뷔지에(Le Corbusier)의 건축 철학이 생각난다.

"Architecture is the learned game, correct and magnificent, of forms assembled in the light."
건축은 빛 속에서 조화롭게 결합된 형태들의 장엄하고 정확한 놀이이다.

르코르뷔지에(Le Corbusier), 『건축을 향하여(Vers une Architecture)』, 1923년

빛은 건축에 감정을 입히고, 그 감정은 다시 사람의 마음을 움직인다. 예술가로 산다는 건, 이런 모든 우연을 놓치지 않고 한 장면, 한 틈새 속에 의미를 부여하는 일이다.

바닥 위의 조명이 별처럼 느껴진 순간, 기둥은 나의 오늘을 지탱해 주는 중심 같았고 나는 그 중심을 오래도록 바라

보았다.

이야기는 언제나 그 자리에 있다. 단지 누군가의 시선을 기다리고 있을 뿐. 그래서 나는 오늘도 걷는다. 그리고 누구도 보지 못하는 새로운 곳에 시선을 내려놓는다. 빛을 찾기 위해, 흔들리는 나를 세우기 위해.

하늘을 바라보는 예술가의 길

퇴근길, 도시의 가장 바쁜 시간 속에서도 문득 고개를 들면 하늘이 있다. 그날의 하늘은 평범한 노을빛이 아니었다. 빛바랜 회색 건물 위로 핑크와 보랏빛이 부드럽게 번지고 있었다. 도시의 끝자락, 그 무심한 풍경 속에서도 그 색은 놀랍도록 따뜻했다.

나는 예술가다. 하루라는 풍경 속에서 빛을 찾아내는 사람. 눈으로 본 장면을 마음으로 스케치하며, 그 안에 감정을 꾹 눌러 담는다.

모두가 스마트폰을 보며 바쁘게 걸을 때, 나는 하늘의 색을 읽는다. 그 색은 말없이 하루를 위로해 주는 언어였다. 문득 떠오른 작품은 빈센트 반 고흐(Vincent van Gogh)의 「론강 위의 별이 빛나는 밤(Starry Night Over the Rhône)」(1888)이었다.

고흐는 프랑스 아를의 론강 위로 번지는 밤하늘의 빛을 강물 위에 스며들 듯 그려냈다. 그는 자신이 보는 색을 믿었고,

세상이 말하는 정답보다 자기 감각을 끝까지 밀고 나갔던 사람이다.

"I often think that the night is more alive and more richly colored than the day."
밤은 낮보다 훨씬 더 살아 있고, 더욱 풍부한 색을 품고 있다.
빈센트 반 고흐(Vincent van Gogh), 『테오에게 보낸 편지(Letters to Theo)』, 1888년

그의 말은 지금의 이 하늘에도 이어지는 듯하다. 도시는 때때로 정답이 없는 물감 팔레트 같다. 불규칙하게 번지는 색, 그러나 그 안에서 각자의 하루가 녹아든다.

예술가로 산다는 건 이런 장면에서 멈춰 서는 용기를 가지는 일이다. 누구나 지나치는 길, 누구나 놓치는 하늘, 하지만 누군가는 그걸 오래 바라보며 기억하려 한다.

그날의 하늘은 하루의 끝이 아니라, 하루의 문장 같았다.
"오늘도 잘 견뎠어. 너는 충분히 괜찮은 사람이야."

아무도 그렇게 말해주지 않아도, 노을은 그렇게 말해주는 것 같았다.

도시의 빛은 인공적이지만, 그 인공 속에도 감정은 있다. 그걸 보는 눈이 예술가의 시선이고, 그걸 붙잡는 마음이 예술이 된다.

그래서 나는 오늘도 걷는다. 하늘을 보고, 색을 느끼고, 마음으로 풍경을 수집하며. 그게 나의 방식이고, 예술가로 살아가는 나의 일상이다. 언젠가 누군가 하늘을 올려다볼 때, 그 빛이 내 마음에서 시작된 온기이길 바란다.

익어가는 관계의 색

성주군청에 미팅이 있던 날이었다. 업무를 겸해 다문화재단 이사님들과 함께한 일정 중, 우리는 참외밭을 찾게 되었다. 무더운 날씨와 비닐하우스 특유의 공기, 그리고 익어가는 과일들.

그 안은 단순한 농장의 풍경이 아니라, 묘하게 인간 군상과도 닮아 있었다.

초록빛 덩굴 사이로 노랗게 익어가는 참외 몇 개가 보였다. 그 곁에는 아직 단단하고 초록색 껍질을 두른 덜 여문 참외들도 섞여 있었다. 뿌리는 같고 줄기도 같지만, 각자의 속도대로 익어가는 모습이 왠지 사람을 닮았다고 생각했다.

의장님께서 말씀하셨다.

"이게 쉬운 농사가 아니에요. 사람이 하나하나 선별하며 작업해야 하는 꽤 예민한 농사죠."

잠시 후, 그가 덧붙였다.

"잎 하나만 잘못 건드려도, 그 주변이 다 죽어버려요."

무심히 들은 말이었지만, 그 말은 내 마음 어딘가를 조용히 건드렸다.

한 사람의 말 한마디가, 한순간의 무례가, 한 번의 무심함이 곁에 있는 이들의 생기를 꺾을 수도 있다는 것. 나는 그 말을 '식물의 생장 원리'가 아닌 '인간관계의 민감도'로 받아들였다.

우리는 때때로 도시에서 겉으로는 익은 듯 웃으며 살아간다. 그러나 마음 깊숙한 곳에는 여전히 익어가는 중인 감정들이 존재한다. 어떤 감정은 아직 초록이고, 어떤 감정은 이미 너무 익어 조금만 건드려도 무를 듯 예민하다. 그럼에도 도시의 속도는 빠르다. 천천히 익는 마음을 기다려 주지 않는다.

모두가 같은 시간에, 같은 익음으로 결실을 맺기를 요구받는다. 그러나 현실은 그렇지 않다. 참외는 햇살을 품고 스스로 익어간다. 때를 기다려야 하고, 성급하게 따면 금세 맛이 떨어진다.

사람도 마찬가지다. 겉은 비슷해 보여도 속도와 온도는 모두 다르다. 그리고 그 차이를 인정해 주는 것, 그것이 우리가 살아가는 공동체의 태도여야 하지 않을까?

그날 참외밭에서 나는 익은 참외보다 익어가는 참외에 더 오래 시선이 머물렀다.
다른 사람의 잎을 함부로 건드리지 않기 위해 어떤 신중함이 필요한지, 그리고 관계란 얼마나 섬세하게 유지되어야 하는지를 자연이 가르쳐 주었다.

한참을 바라보다가 초록과 노랑이 나란히 있는 풍경을 사진으로 남겼다.
그건 단순한 채소의 성장이 아니라, 내게는 하나의 사회적 풍경이었다.

도시는 회색이 아니었다. 그 안에는 아직 덜 익은 초록의 감정도, 기다림 끝에 노랗게 빛나는 마음도, 모두 공존하고 있었다. 아마도 진짜 성숙이란, 이렇게 서로 다른 익음의 색을 이해하는 일일 것이다.

"Adopt the pace of nature: her secret is patience."

자연의 속도를 따르라. 그 비밀은 인내에 있다.

랄프 월도 에머슨(Ralph Waldo Emerson), 『자연(Nature)』, 1836년

색이 말을 걸어오는 인도

처음 인도 여행을 결정했을 때, 솔직히 말하자면 조금은 망설였다. 무질서한 교통, 복잡한 거리, 그리고 예측할 수 없는 풍경들. 그 모든 것이 익숙하지 않을 거라는 막연한 불안 때문이었다. 나는 깨끗하고 단정한 질서를 좋아한다. 그런 나에게 인도는 나의 기준과는 조금은 다른 세계처럼 느껴졌다.

그런데 인도에 발을 디디는 순간부터, 내 안의 '기준'들이 조용히 흔들리기 시작했다. 듣던 대로 거리는 소란스러웠지만, 그 소란 속엔 묘한 조화가 있었다. 경적과 사람들의 대화, 먼지와 햇살이 뒤섞인 풍경은 혼란스럽지만, 이상하게도 평화로웠다. 질서와 무질서가 공존하는 도시, 나는 그곳에서 설명할 수 없는 평온을 느꼈다.

그날, 쇼핑을 하러 가는 길이었다. 긴 도로를 따라 걷다 무심히 고개를 들었을 때, 눈앞에 놓인 작은 풍경 하나가 나를 멈춰 세웠다. 검은 철장 위에 색색의 바구니들이 주르륵 걸려 있었다. 보라, 연두, 빨강, 주황, 노랑 등 형형색색의 조화였다. 그 정체를 정확히 알 수 없었다.

누가 팔려고 걸어둔 건지, 장식인지, 혹은 그저 무심히 걸쳐둔 것인지조차 알 수 없었다. 하지만 분명한 건, 그 순간만큼은 그 어떤 전시보다 아름다웠다는 사실이었다. 그 어떤 인테리어보다 자연스러웠고, 그 어떤 설치미술보다 감정이 담겨 있었다.

그것이 '의도된 미'가 아니라 '우연히 놓인 아름다움'이었기 때문일 것이다. 나는 그 앞에서 발걸음을 멈추고 한참을 바라보았다. 뉘엿뉘엿 지는 햇살은 따뜻했고, 나무 그늘 아래의 색들은 더욱 선명했다. 그 거리에서, 그 무질서한 소음 속에서, 나는 잠시 고요한 감탄을 했다.

도시의 색은 늘 인공적일 거라 생각했는데, 그곳의 색은 그 어떤 자연보다도 자연스러웠다. 그때 나는 인도라는 도시를 조금은 이해한 것 같았다. 인도는 정리가 잘된 나라가 아니다. 하지만 그 혼란 속에는 누구도 흉내 낼 수 없는 '살아 있는 감각'이 있다.

그 색색의 바구니는 그런 인도의 감각을 보여준 작은 창이었다. 색은 말을 하지 않지만, 그날의 색들은 분명히 내게 말을 걸었다.

"여기서 잠시 쉬어도 돼."

"이 풍경도 하나의 예술이야."

지나가는 사람들은 그 바구니에 시선을 두지 않았지만, 나는 그 자리에서 오래 머물렀다.

여행은 종종 거창한 명소가 아니라, 이처럼 작고 사소한 장면에서 진짜 기억을 남긴다. 그리고 그 기억은 나의 기준을 바꾼다. 내가 좋아하는 색, 내가 아름답다고 여기는 것, 그리고 내가 걷고 싶은 거리 인도는 그 모든 것을 바꿔놓았다.

그날의 바구니들처럼, 작고 확실한 색감으로 나의 세계를 다시 칠했다.

"Color is a power which directly influences the soul."

색은 영혼에 직접적인 영향을 미치는 힘이다.

바실리 칸딘스키(Wassily Kandinsky),
『예술에서의 정신적인 것에 대하여(On the Spiritual in Art)』, 1911년

나를 따라온 그림자 하나

도시에서 조금만 벗어나면, 마음도 숨을 쉰다. 불멍을 하자며 아이들과 함께 외곽으로 향한 저녁이었다. 고기를 굽고, 따뜻한 장작불에 둘러앉아 아무 말 없이 불을 바라보는 시간은 머리를 식히기에 충분했다.

그렇게 조용한 밤, 단순하지만 소중한 장면들이 하나씩 눈에 들어오기 시작했다. 앉으라고 건네받은 박스 하나. 아무 생각 없이 들고 있다가 고개를 돌린 순간, 그 박스는 하나의 얼굴이 되어 있었다.

작은 구멍 세 개, 마치 눈·코·입처럼 보였고, 그 아래로 떨어진 그림자는 누군가 옆에 앉아 있는 듯했다. 사람도 아니고, 인형도 아닌 박스가 나와 함께 그 밤을 보내주는 동행처럼 느껴졌다.

사진 한 장에 담긴 이 모습은 단지 박스가 아닌, 내 마음이 투영된 또 하나의 자화상 같았다.

사람들은 흔히 예술을 미술관이나 전시장에서만 찾으려

한다. 하지만 예술은 늘 일상에 숨어 있다. 다만 그것을 볼 수 있는 눈이 열려 있느냐의 문제일 뿐이다.

우리는 너무 많은 정보와 시각적 자극 속에서 살아가며, 때때로 정작 중요한 감각을 잊곤 한다. 무엇을 바라보는가보다, 어떻게 바라보는가가 예술을 결정짓는다고 나는 생각한다. 그 박스와 그림자를 바라보며, 문득 엉뚱함 속에서 예술을 만들어 낸 마르셀 뒤샹(Marcel Duchamp)이 떠올랐다. 그가 변기를 전시장에 세워놓았을 때 세상은 충격에 빠졌지만, 결국 그 한 번의 시도가 예술의 경계를 완전히 바꿔놓았다.

"I was interested in ideas, not merely in visual products."
나는 단지 시각적인 결과물이 아니라, 아이디어에 관심이 있었다.

마르셀 뒤샹(Marcel Duchamp),
〈인터뷰 대담(Interview with James Johnson Sweeney, The Blind Man No. 2)〉, 1956년

그렇다면 나에게 예술은 무엇일까.
불빛 아래 놓인 박스 하나, 아이들과 함께한 밤, 그리고 말

없이 옆에 앉아 주는 그림자 하나일 수도 있겠다. 아이들은 아무렇지 않게 옆에 앉아 고구마를 까먹고, 서로 장난을 치며 웃었다. 나는 잠시 그 틈에서 이 낯선 친구와 눈을 맞춘다. 별것 아닌 것에서 의미를 찾아내는 이 순간이야말로, 내가 예술가로 살아가는 이유다.

세상은 이미 아름다움으로 가득하다. 우리가 해야 할 일은 그 아름다움을 발견하는 눈을 조금씩 길러가는 일일 뿐이다. 박스 하나, 그림자 하나, 그리고 함께한 온기. 그것만으로도 충분히 기록할 가치가 있다.

아무도 주목하지 않은 장면이지만, 나는 그 안에서 예술을 본다. 그리고 그것을 잊지 않기 위해 사진을 찍고, 글을 쓴다. 그것이 내가 이 세상을 조금 더 다정하게 살아가는 방식이다.

어쩌면 그 밤의 그림자는 지금도 나를 따라오고 있는지도 모른다. 예술이란 결국, 그렇게 조용히 우리 곁에 머무는 마음의 그림자니까.

3장

사색이 머무는 자리

The Art of
Sensing

지고 피는 길 위에서

벚꽃은 피어나는 순간으로 그 존재를 알리지만, 진짜 아름다움은 어쩌면 '질 때' 완성되는 게 아닐까 싶다. 나는 해마다 벚꽃이 피는 시기가 되면 기다리는 것이 하나 있다.

바람.
꽃잎을 흔들고, 떨구고, 허공에서 춤추게 만드는 그 순간의 바람. 그 찰나를 만나면 온 세상이 꽃비에 잠긴다. 누군가에겐 '지저분함'이라 말할 수도 있겠지만, 나에겐 오히려 찬란한 피날레처럼 느껴진다.

며칠이 지나, 길모퉁이를 걷다 무심히 발끝을 내려다봤다. 도로와 인도 사이 좁은 틈에 벚꽃잎이 소복이 내려앉아 있었다. 사람들은 그저 무심히 지나쳤고, 쓸려 나가지 못한 꽃잎들이 모이고, 또 모여 누구도 만들지 않은 작은 '길'이 생겨 있었다.

나는 자세를 최대한 낮추어 그 꽃길을 천천히 바라보았다. 낮은 시선에서 보니 꽃잎 하나하나가 오히려 더 빛나고 있었다. 그 길의 끝이 어디로 이어질지 괜스레 상상하게 됐다. 꽃잎 하나가 먼저 떨어지고, 그 뒤를 따르는 수많은 잎이 마치 서로를 위로하듯 포개어져 있었다.

그 모습을 보며 문득 생각했다. 인생의 한 장면도 이럴 수 있겠다고.
누군가의 이별이 다른 이에게는 위로가 되고, 지나간 시간이 또 다른 길을 만들어 주기도 하니까.

예술가란,
세상이 버린 찰나에서 의미를 발견하는 사람이라고 생각한다. 흩날리고, 잊히고, 밟힌 것들 속에서도 아름다움을 건져 올릴 수 있는 사람. 그런 의미에서 이날의 벚꽃은 내게 완벽한 회화였다.

마치 클로드 모네(Claude Monet)가 '수련'을 바라보며 시간에 따라 변하는 빛과 그림자를 쫓았던 것처럼, 나는 이 짧은 계절의 끝에서 사라지고 남겨진 자국을 따라 다시, 아름다움을 배웠다.

"I perhaps owe having become a painter to flowers."
내가 화가가 된 것은 어쩌면 꽃들 덕분일지도 모른다.

클로드 모네(Claude Monet), 『모네의 편지(Letters of Claude Monet)』, 1909년

그림을 그리고, 사진을 찍고, 글을 쓰는 일은 언제나 '지금, 이 순간을 놓치지 않는 감각'에서 시작된다. 꽃은 끝내 자신을 스스로 땅 위에 내려놓음으로써 한 줄기 길이 된다.

지나가 버릴 순간일지라도 한 번쯤은 그 길 앞에 멈춰 서서 조용히 감탄할 수 있기를.
나는 오늘도, 아무도 보지 않는 골목길에 피어난 꽃길 위에서 내 하루의 감정들을 조심스레 내려놓는다. 그리고 이 계절이 다시 돌아올 때까지, 그 흔적들을 조용히 간직한다.

빛의 숲, 침묵의 대화

3장 사색이 머무는 자리

한참을 올려다보았다. 특별히 무언가를 찾으려 했던 건 아니다. 그저 걷다 멈춰 선 자리에서 고개를 들어 올렸을 뿐인데, 숲은 마치 오래전부터 나를 기다리고 있었다는 듯 조용히 펼쳐져 있었다.

나뭇잎들이 켜켜이 포개지고 겹치며 만들어 내는 공간은 처음엔 하늘을 가린 그림자처럼 보였다. 그런데 어느 순간, 빛의 각도와 색감, 잎의 결이 오묘하게 어우러지며 마치 물 위에 비친 듯한 착시를 주었다.

물속인가, 숲속인가. 나는 분명 땅을 딛고 있었는데, 시선은 어느 깊은 호수의 수면 아래를 바라보는 듯했다. 바람도 멈춘 듯했고, 숲의 기척도 숨을 죽인 듯했다. 그 속에서 오직 나뭇잎들만이 무언의 대화를 이어가고 있었다. 소리를 낼 수는 없지만, 존재로 말을 거는 생명들.

나는 종종 그런 자연 앞에서 말 대신 침묵을 꺼내놓는다. 말보다 더 많은 이야기를 전할 수 있는 방식이니까. 누군가는 이 장면을 스쳐 지나갔을지도 모른다. 하지만 내게 이 순간은 명확한 하나의 '장면'이었다. 빛과 그림자가 뒤엉켜 낯설고 아름다운 풍경을 빚어낸, 잠시 현실과 비현실의 경계가 흐려지는 그런 시간이었다.

예술가의 눈으로 세상을 바라보는 삶은, 결국 익숙함 속의 낯섦을 발견하는 일에 가까운지도 모른다. 많은 사람이 지나치는 한 장면 속에서, 나는 문득 클로드 모네(Claude Monet)의 숲속 풍경들을 떠올린다. 모네는 단순한 사물을 그리지 않았다. 그는 사물 위에 드리운 빛, 그 빛이 만들어 내는 공기와 온도를 그렸다. 오늘 내가 마주한 이 풍경처럼.

"For me, a landscape does not exist in its own right, since its appearance changes at every moment."

풍경은 그 자체로 존재하지 않는다. 그것은 매 순간 변하는 빛 속에서만 존재한다.

클로드 모네(Claude Monet), 『모네의 회화론(Writings and Reflections)』, 1896년

단순히 나뭇잎을 본 것이 아니라, 그 잎들이 만들어 낸 깊이와 질감, 색의 조화 속에 나의 감정이 조용히 스며들었다.

언젠가 누군가 내게 물었다. "당신은 왜 그렇게 작은 것들을 오래 들여다보나요?" 나는 대답하지 못했다. 아니, 어쩌면 일부러 답을 하지 않았는지도 모른다. 그건 누군가에게 설명할 수 있는 일이 아니기 때문이다.

다만 지금에서야 말할 수 있을 것 같다. 나는 그렇게, 아주 작고 사소한 장면에서 예술이 태어나는 찰나를 기다린다고.

그날의 숲은 조용히 내게 속삭였다.
가만히 있어도 괜찮아.
애쓰지 않아도 괜찮아.

내가 내 안의 소리를 듣기 위해 잠시 멈춘 그 자리에서, 나뭇잎은 하늘을 향해 손을 뻗고 있었고, 나는 마음으로 그 손을 꼭 잡았다. 이런 감각을 놓치지 않고 알아차릴 수 있다는 것.

그 순간을 포착할 수 있는 내가 아직도 일상을 예술로 살아내고 있다는 사실이 고맙고, 또 다정했다.

척박함 위에 선 단단함

오늘부터 예술가의 시선으로 삽니다

제주도에 머물렀던 어느 날, 나는 4·3 사건이 있었던 마을을 찾았다. 관광의 목적이 아니라, 잠시라도 그 땅에 서서 그 시간의 흔적을 느껴보고 싶어서였다. 바람은 거셌고, 하늘은 금세라도 비를 쏟아낼 듯 어두웠다. 회색으로 가득 찬 하늘 아래, 검은 제주 돌담이 길게 이어져 있었다. 그리고 그 돌담 틈 사이, 예상하지 못한 아름다움 하나가 피어 있었다.

백년초.
선명한 자줏빛 열매를 단 채, 거친 돌 틈을 뚫고 기세 좋게 솟아 있었다. 처음엔 그 생김새에 시선이 갔다. 뾰족한 가시, 갈라진 피부. 하지만 열매는 의외로 부드럽고, 빛을 머금고 있었다.

그 순간, 나는 가만히 멈춰 섰다. 모든 것이 단단하고 척박한 곳에서 어떻게 이런 색이 피어날 수 있을까? 돌과 바람, 그리고 죽음을 기억하는 땅에서 그렇게 생생하게 살아 있는 존재가 아무렇지 않게 하늘을 향해 자라고 있었다.

그날의 백년초는 단순한 식물이 아니었다. 그건 이 땅이 견뎌낸 시간의 증언이자, 삶의 끈질김을 보여주는 한 줄기 화폭 같았다.

나는 그 풍경이 누군가가 공들여 그려낸 그림처럼 느껴졌다. 마치 자연이 이 순간을 위해 미리 스케치해 둔 것처럼. 그 자리에 한참을 서 있다가 문득 이사무 노구치(Isamu Noguchi)의 말이 떠올랐다.

"When stone is polished, it becomes flesh."
돌이 다듬어지면, 그 속에서 살결이 드러난다.

이사무 노구치(Isamu Noguchi), 『A Sculptor's World』, 1968년

현실은 돌처럼 단단하지만, 그 위에 피어난 생명은 설명할 수 없는 감정의 결을 남긴다. 슬픔을 지나온 땅 위에서, 그날의 나는 아주 조용한 위로를 받았다. 그날의 나는 예술가가 아니었다, 그 슬픔의 터 위에서 피어난 아름다움을 마주한 관객이었다.

백년초는 아무 말이 없었다. 그러나 내겐 수천 마디를 건네는 것 같았다. 그 어떤 슬픔도 시간 속에서 사라지는 게 아니라, 이렇게 또 다른 생명으로 피어난다는 것.

그리고 우리가 해야 할 일은 그 앞에서 잠시 멈춰 조용히 바라봐 주는 것일지도 모르겠다. 그날의 백년초는 사진 한 장으로 남았지만, 내 마음 안에서는 한참 동안 흔들리고 있었다. 비록 하늘은 흐렸지만, 그 한 점의 빛은 내 안에서 오래도록 환하게 남았다.

흐름에서 배우는 쉼의 감각

마음이 매우 힘들었을 때였다. 문학 여행처럼 떠난 제주도, 책 몇 권과 옷가지만 대충 챙긴 채 비행기에 올랐다. 그곳에서의 며칠은 그저 걷고, 읽고, 멈추는 시간이었다.

한낮의 햇살이 나무 사이로 천천히 흘러들어오던 그날, 바람은 느껴지지 않을 만큼 잔잔했다.
우연히 그림 같은 한 장면을 마주했다. 호숫가에 놓인 작고 낡은 보트 한 척. 묶여 있는 듯 보였지만, 어쩌면 스스로 그 자리에 머무는 듯했다.

보라색을 희미하게 띠는 그 배는 주변의 초록과 대조를 이루며 물 위에 떠 있는 하나의 문장처럼 느껴졌다.

말을 걸지 않아도, 설명하지 않아도 이미 충분히 감정을 전하는 장면이었다. 모네의 작품이 떠올라 잠시 걸음을 멈추고, 사진으로 그 순간을 남겼다. 모네가 남긴 수많은 수련과 강물, 정원과 보트의 장면들처럼 이 풍경은 색으로 말을 걸고 있었다.

모네의 그림은 형태보다 '빛'으로 기억된다. 그리고 이 장면도 마찬가지였다. 빛이 머물렀던 그 한순간이 인상으로 남았다. 보트도 나무도 물결도 다만 형태일 뿐이었다. 결국 우리를 감동하게 하는 것은 그 위에 내려앉은 빛이었다.

햇살에 반사된 연두와 보라의 경계, 물결의 떨림, 그리고 말없이 머문 시간. 그 작은 배는 풍경의 일부가 아니라, 자연과 사람 사이의 감정을 이어주는 고리 같았다.
누군가에겐 그냥 스쳐 지나갈 장면이었을 것이다. 하지만 이런 장면은 마음이 고요할 때,
혹은 무언가를 내려놓고 싶을 때 더 선명하게 다가온다.

삶은 언제나 앞으로 나아가야 한다고 말하지만, 가끔은 그 흐름에 반해 잠시 멈춰 있는 이 배처럼 움직이지 않기로 선택하는 용기도 필요하다.

그날 나는 사진을 한 장 남겼다. 그리고 그 이후로 이 장면은 오래도록 내 휴대폰 속에도, 내 마음속에도 남아 있다. 단

지 그림처럼 아름다워서가 아니라, 그 안에 담긴 조용한 '허락' 때문이었을지도 모른다.

"지금은 그냥 있어도 괜찮다."
그 말 없는 위로가 참 좋았다.

불안이 가라앉는 데에는 특별한 계기가 필요하지 않다. 그저 마음을 잠시 멈추게 하는 한 장면이면 충분하다. 그날의 빛처럼, 세상은 여전히 흘러가고 있었다. 나는 다만 그 흐름 속에서 잠시 숨을 고르고 있었을 뿐이다. 그리고 다시 움직일 수 있었다.
아주 천천히, 그러나 분명히.

안개 속에서 더 또렷해지는 것들

해가 뜨기도 전, 세상은 아직 조용했다. 모든 것이 멈춰 있는 듯한 새벽 공기 속에서 차가운 이슬과 흐릿한 안개가 어깨 위로 내려앉았다. 나는 골프장을 향해 걷고 있었지만, 그 길은 어쩐지 경기장이 아닌 어느 갤러리의 전시실로 나를 이끌고 있었다.

　눈앞에 펼쳐진 풍경은 붓으로 눌러 찍은 듯한 먹색과 청색의 흐름이 겹친 수묵화 같았다.
　하늘과 땅, 나무와 풀, 그리고 안개 모든 요소가 경계를 허물고 한 덩어리처럼 이어져 있었다.
　잎이 젖고, 발끝이 젖고, 마음이 젖었다. 물기를 머금은 공기가 폐 깊숙이 들어올 때, 나는 오히려 '말라 있던 감정'이 적셔지는 기분을 느꼈다.

　눈앞의 풍경은 정확하게 찍히지 않았다. 경계는 흐릿했고, 모든 것이 한 걸음쯤 물러나 있었다. 하지만 그 거리감이 이상하게도 위안처럼 느껴졌다. 모든 것을 또렷이 보지 않아도 괜찮은 아침. 그저 흐리게 바라봐도 되는 시간. 나는 종종 이처럼 안개 낀 풍경 앞에서 멈춰 선다.

어떤 날의 장면은 마치 기다렸다는 듯 자리를 내어주고, 그 자리에 내 감정을 앉히게 해준다.

"On ne peint jamais ce qu'on voit ou croit voir, on peint à mille vibrations le coup reçu."
우리는 결코 눈에 보이거나 그렇게 보인다고 믿는 것을 그리는 것이 아니라, 천 갈래의 진동으로 받은 충격을 그린다.

니콜라 드 스탈(Nicolas de Staël), 『Lettres de Nicolas de Staël』, 1955년

그 말처럼,
이 아침의 풍경도 보는 것이 아니라 마음으로 흘러들었다.
풀벌레 소리 하나 들리지 않고,
사람 소리도 아직 들려오지 않는 완전한 침묵 속에서 나는 스쳐 지나가는 모든 것을 한 장의 그림처럼 느끼고 있었다.

이른 시간에 골프를 치러 가는 길이었지만, 나는 그저 걸

었다. 걷는다는 것조차 잊은 채, 한 발 한 발 풍경 속으로 들어갔다. 그때 스쳤던 풀잎의 촉감, 이슬이 손끝에 닿았던 느낌, 숨을 쉴 때마다 느껴지는 공기의 결. 모든 것이 감각의 기억으로 바뀌어 내 안에 조용히 축적되고 있었다.

이날 찍은 사진은 다른 누구에게 보여주기 위한 것이 아니었다. 기억해 두고 싶었던 순간을 내 손으로 눌러둔 것뿐이다. 빛이 다가오기도 전의 풍경, 완전히 깨어나기 전의 세상. 나는 그런 시간들을 좋아한다. 모든 것이 아직 불완전한 시간. 세상이 다 깨어나기 전에 나만 먼저 조용히 깨어 있는 시간.

그날의 안개는 사물을 감췄다기보다 오히려 더 잘 보이게 만들었다. 우리가 흔히 놓치는 것들 무게, 결, 거리, 빛의 농도. 그 모든 것이 흐릿한 안개 속에서 조금 더 선명하게 느껴졌다.

예술은 가끔 이처럼 명확하지 않은 상태에서 시작된다. 무언가를 또렷이 보지 못했기 때문에 오히려 마음으로 그리게 되는 풍경. 그리고 그런 풍경은 기억 속에서도 더 오래 남는다.

나는 그날 아무 말 없이 걸었고, 아무 생각 없이 셔터를 눌렀고, 아무 계획 없이 그 풍경을 마음에 담았다. 하지만 그 순간들은 지금까지도 나에게는 하나의 장면으로 남아 있다. 사라지는 것들이 가장 오래 남는다는 걸, 그날의 안개가 조용히 가르쳐 주었다.

안개는 결국 사라졌지만, 그 시간의 감정은 아직 내 안에 남아 있다. 세상이 완전히 밝아올 때쯤, 나는 조용히 깨달았다. 우리가 잃는 것은 늘 형태지만, 마음에 남는 것은 감각이라는 것을.

그날의 새벽처럼, 모든 시작은 언제나 이렇게 조용히 다가온다.

멈춤의 예술, 계절의 목소리

그렇게 둘이 길을 걷다가 동시에 멈추어 선 곳. 말이 오가지 않았지만, 우리는 같은 지점을 바라보고 있었다. 산책로 한쪽에 고요히 놓여 있던 단풍잎 하나. 모든 것이 무심해 보이는 바닥 위에서 유독 도드라진 빨강 하나가 우리를 붙잡은 것이다.

그 잎은 마치 누군가 정성스럽게 내려놓은 것처럼 이끼 낀 초록 위에 단정히 누워 있었다. 그 순간, 우리는 아무 말 없이 동시에 멈췄고, 그 짧은 정적 속에서 계절의 목소리가 들리는 듯했다.
"지금이야, 여길 봐줘."

나는 가끔 그런 장면을 '멈춤의 예술'이라 부른다. 누군가의 의도가 개입되지 않은 우연, 그러나 그 우연이 내 마음을 흔든다면 그건 이미 하나의 완성된 작품이 된다.

누군가의 기획이 아닌, 자연이 준비한 설치미술. 설명이 없기에 더 명확했고, 캡션이 없기에 더 자유로웠다. 누가 먼저 발을 내딛을까 잠시 망설였고, 우리는 마치 미술관에서 작품 앞에 선 관람객처럼 발끝을 멈춘 채 그 잎을 감상했다.

그사이 흐르는 공기와 침묵, 나란히 선 발끝과 자연스럽게 맞닿은 시선은 관계의 온도를 잴 수 있는 작은 단서가 되었다. 사진을 찍은 건, 아마 그 순간이 오래 기억되었으면 해서였을 것이다. 카메라에 담긴 건 단풍이지만, 사실은 그날의 공기와 색감, 감정까지도 함께 눌러 담고 싶었다.

누군가는 그냥 밟고 지나쳤을 작은 잎 하나가 누군가에겐 오래도록 남는 기억이 될 수 있다는 사실이 나는 가끔 이상하면서도 참 따뜻하다.

가을은 언제나 이렇게 다가온다. 크게 환호하지도, 화려하게 등장하지도 않는다. 그저 아주 고요하게, 아주 은근하게 "지금이야." 하고 말해주는 계절. 바쁜 걸음을 잠시 멈추고 나서야 비로소 알아차릴 수 있는 계절.

그날의 단풍은 붉은 잎 하나에 불과했지만, 그 안에는 계절의 흐름, 서로의 시선이 마주친 온기, 그리고 말없이 공감한 순간의 진심이 담겨 있었다. 그 순간, 길은 풍경이 되고, 우리는 그 풍경의 일부가 되었다.

예술은 꼭 거창할 필요가 없다. 미술관에 걸린 작품이 아니어도, 자연이 만들어 놓은 작은 장면 속에서도 우리는 충분히 감동할 수 있다. 감동은 언제나 조용히 다가온다.
아주 평범한 하루, 문득 발끝에 스치는 순간처럼.

우리는 그 신호 앞에서 얼마나 자주 멈추어 설 수 있을까? 눈은 종일 무언가를 보지만, 마음을 멈추게 하는 장면은 드물다. 하지만 어느 한순간, 나도 모르게 멈춰 선 그 자리에서 계절이 말을 걸어온다면 그건 잊을 수 없는 '나만의 작품'이 된다.

가을은 그런 계절이다. 혼자 보기엔 조금 아까운 계절. 그래서 함께 걷고, 함께 멈추고 싶은 계절. 그 계절의 한복판에서 우리는 단풍 하나에 마음을 붙잡히고 말았다.

우연이 건네는 깨달음의 장면

작업 중이던 어느 날, 학원에서 아이들과 함께 수업하고 있었다. 바쁜 손길로 물감을 섞고, 벽에 젯소를 바르며 정신없이 움직이는 사이 한 아이가 바나나를 먹고는 툭, 하고 껍질을 내려놓았다.

아무렇지도 않게 던져진 그 바나나 껍질은, 하얗게 물든 페인트통 안에 슬쩍 걸쳐져 있었다. 아무도 주목하지 않았지만, 나는 그 장면을 기록하고 있었다. 우연이 준 찰나라고 하기엔, 너무도 완벽한 구도처럼 보였기 때문이다.

희고 두꺼운 물감이 남겨진 트레이와 그 위에 절묘하게 얹힌 노란 껍질, 그리고 작업 도중 멈춘 듯한 굵은 붓 하나. 즉흥적인 우연이었지만, 마치 누군가 세심하게 배치한 정물화 같았다.

그 순간 나는 일상을 '팝'스럽게 재해석했던 앤디 워홀을 떠올렸다. 캠벨 수프 캔과 바나나 하나로 세계를 뒤흔들었던 그가 이 장면을 봤다면, 아마도 하나의 작품으로 재탄생시켰을 것이다. 페인트 속 바나나의 거뭇거뭇한 질감조차 앤디 워홀의 캔버스 한 조각처럼 느껴졌다.

워홀은 예술이 반드시 거창하거나 위엄 있어야 한다는 고정관념을 작은 바나나 하나로 흔들어 놓았다. 결국, 바닥에 놓인 쓰레기조차도 프레임을 씌우는 순간 작품이 된다면 우리는 삶 전체를 전시하며 살아가고 있는지도 모른다.

누군가는 그저 쓰레기라고 말할지도 모른다. 먹다 남은 과일 껍질, 하얗게 엉겨 붙은 페인트 자국, 멈춰 선 붓 한 자루.
하지만 예술은 언제나 거기서부터 시작된다. 아무도 보지 않던 순간, 아무도 담지 않던 풍경. 그 무심함 속에서 문득 피어나는 감정 하나가 예술의 시작이 된다.

예술은 인위적인 장치로만 만들어지지 않는다. 오히려 자연과 일상의 틈새에서 불쑥 얼굴을 내민다.

"Art is not truth. Art is a lie that makes us realize truth,

at least the truth that is given us to understand."

예술은 진리가 아니다. 예술은 우리로 하여금 진실을 깨닫게 만드는 거짓이다. 적어도 우리가 이해할 수 있도록 주어진 그 진실을.

파블로 피카소(Pablo Picasso), 〈Picasso Speaks〉, The Arts, 1923년 5월 호

그날 나는 깨달았다. 버려진 것처럼 보였던 그 껍질이 내 안에서 하나의 이미지로 자리 잡았고, 그 순간이 내 감각을 조용히 흔들어 놓았다.

누군가는 말한다. 가장 위대한 화가는 자연이라고. 하지만 나는 거기에 이렇게 덧붙이고 싶다.
가장 위대한 연출가는 '우연'이라고. 그리고 그 우연을 눈치챌 줄 아는 눈, 멈춰 바라볼 줄 아는 마음이 바로 예술가의 감각이다.

그날의 바나나 껍질은 더 이상 아이가 남긴 흔적이 아니었다. 그것은 하나의 명화가 되어 내 머릿속 깊이 각인되었다. 우리는 가끔 미술관이 아닌 쓰레기통 옆에서, 혹은 작업실

구석에서 더 강한 감동을 마주한다.

 그래서 나는 다시 생각한다. 예술이란 결국 '바라보는 시선'에서 시작된다는 것. 그저 보이는 것이 아니라, 그 보이는 것을 어떻게 보느냐가 더 중요하다는 것. 아무것도 아닌 듯 툭 던져진 바나나 껍질 하나가 누군가에겐 쓰레기였고, 누군가에겐 명화였다.

 그리고 나는 후자를 선택하기로 했다. 그것이 예술가의 마음이라면, 나는 오늘도 그 작은 찰나 앞에 고개를 숙인다.

틈이 만드는 연결

강원도 원주 다락방.

매년 우리 가족이 찾는 익숙한 여행지다. 계절이 바뀌고 해가 바뀌어도, 그곳의 공기와 풍경은 마치 기다렸다는 듯 늘 제자리에 있었다.

원주 다락방의 주인 부부 역시 변함이 없었다. 이번에도 어김없이 그곳을 찾았지만, 이상하게도 수년째 머물렀던 장소에서 이번에야 처음 눈에 들어온 것이 있었다.

아침 산책을 마친 뒤, 혼자 마당 한켠에 앉아 커피를 마시던 순간이었다.

내 옆에 놓인 작은 나무 창문 하나. 세상에, 그토록 오랫동안 앉았던 자리였는데 왜 이제야 이 창이 보였을까.

창문은 반쯤 열려 있었고, 오래된 나무는 손잡이가 삐뚤었으며, 못 자국이 여기저기 남아 있었다. 그런데 그 틈 사이로 햇살이 들어오고, 새소리가 흘러들어왔다. 바람은 그 작은 틈을 지나 내 무릎 위를 스쳐 갔다. 그 순간 나는 생각했다.

"이건 단순한 창이 아니라 나와 자연을 연결해 주는 통로구나."

그 문이 없었다면 이 공간은 그저 마당 한켠에 머물렀을 것이다.

하지만 이 조그만 창 열림 하나로 인해 나는 바깥세상과 이어진 기분을 느낄 수 있었다. 햇살은 조용히 아무 말이 없었고, 바람 또한 아무 말 없이 지나갔다. 그 안에서 나는 자연이 보내는 인사를 한 조각의 빛으로, 한 줄기의 소리로, 한 모금의 공기로 받아들였다.

자연은 종종 우리가 전혀 의식하지 못하는 순간에 슬며시 안으로 들어온다. 완벽하게 준비된 풍경이 아니라, 이처럼 우연한 틈 사이에서 조용히 존재감을 드러낸다. 그 작은 창문 하나가 어쩌면 지금 내 마음의 구조와도 닮아 있었는지도 모른다. 활짝 열지 않았지만 닫아두지도 않은 마음. 적당히 열어두고, 조용히 바깥을 살피는 상태.

그 문 사이로 들어온 빛을 보며 나는 프랑스 작가 앙드레 지드의 말을 떠올렸다.

"It is one of life's laws that as soon as one door closes another opens. But the tragedy is we look at the closed door and disregard the open one."

삶의 법칙 중 하나는, 한 문이 닫히면 다른 문이 열린다는 것이다. 하지만 우리는 닫힌 문만 바라보다가 열린 문을 보지 못한다.

앙드레 지드(André Gide), 『Autumn Leaves(Feuilles d'automne)』, 1927년

그렇다.

마음도 공간도, 어느 정도는 '틈'이 있어야 한다. 빛이 머물 수 있는 여백, 바람이 스며들 수 있는 공간, 생각이 흐를 수 있는 자리. 그 작은 창 앞에서 나는 오랜 시간 가만히 앉아 있었다.

커피는 금세 식었지만, 마음은 이상하게도 점점 따뜻해지고 있었다. 바깥세상은 여전히 조용했지만, 그 조용함 속에

서 큰 위로가 흘러들었다. 작은 창 하나가 나를 자연과 이어주었고, 그 틈 사이에서 나는 내 마음을 다시 들여다보았다.

지금도 나는 가끔 그 창을 떠올린다. 그날의 햇살과 새소리, 그리고 그 창을 바라보던 나의 시선. 때로는 아무 말 없이 열려 있는 작은 문 하나가 가장 큰 울림이 될 수 있다는 것을,

그날 그 자리에서 처음 알게 되었다.

4장

기억이 머무는 온도

The Art of Sensing

계단에 남은 대화

4장 기억이 머무는 온도

산을 떠올렸다. 사진 속 이 계단을 처음 보자마자. 누군가에겐 그저 콘크리트 건물 속 구조일 뿐일지 모르지만, 그날의 나에겐 이상하게도 마음이 움직였다. 몸도 마음도 조금 지쳐 있었고, 아무 이유 없이 계단이 더 눈에 들어왔다.

끝이 있다는 것.
올라야만 한다는 것.
지금은 중간쯤이라는 것.

계단은 묘하게 사람의 삶을 닮았다. 한 칸씩 나아가야 한다는 묵묵한 리듬, 도착이라는 막연한 희망, 그리고 때때로 찾아오는 멈춤의 순간까지.

나는 마음이 지칠 때면 계단이나 산을 유독 자주 바라보게 된다.
어쩌면 그건 언젠가 꼭대기에 닿을 거라는 암시이자 위로다. 모든 길이 오르막이어도 결국 평지가 나타난다고, 지금의 고단함이 영원하지는 않다고 말해주는 풍경처럼.

그래서일까. 사람들이 무심히 지나치는 계단도 나에겐 하나의 장면이 되고, 하나의 문장이 된다. 그날 찍은 사진 속 계단은 낮은 조명이 깔려 있었다. 빛은 계단 옆면을 부드럽게 감싸며 마치 길을 잃은 나를 알아차린 듯 올라가는 방향을 조용히 알려주고 있었다.

'지금 여기 있어도 괜찮다. 한숨 돌리고 천천히 올라와도 돼.' 빛은 그렇게 말을 거는 듯했다.

그 계단 앞에 멈춰 선 나는 속으로 다짐했다. 오늘 하루만큼은 조금 쉬어가자고. 한 칸쯤 멈춰 서서 빛이 드는 방향을 바라보자고. 빨리 오르지 않아도 괜찮다고, 누가 먼저 올라간다 해도 지금 내가 있는 자리에 충실하자고. 그렇게 마음속으로 나를 다독였다.

그 순간, 이 장면을 보며 떠오른 화가는 안도 다다오였다. 빛과 콘크리트를 통해 고요한 사유의 공간을 만들어 내는 건축가. 그의 건축에는 언제나 계단이 있고, 빛이 있다.

그 빛은 누군가를 향해 말하기보다, 묵묵히 기다리는 쪽에 더 가까웠다. 마치 내가 잠시 멈춰 서주기를 기다렸다는 듯이.

"I do not believe architecture should speak too much. It should remain silent and let nature, in the guise of sunlight and wind, speak."

건축은 너무 많은 말을 해서는 안 된다고 생각한다. 건축은 침묵 속에 머물며, 햇빛과 바람이라는 자연이 대신 말하도록 해야 한다.

안도 다다오(Tadao Ando), 〈Architectural Review〉, 1990년

침묵은 무언가가 없는 상태가 아니라, 모든 것이 존재하는 상태다. 조용한 계단 위에서 나는 그렇게 '모든 것'을 잠시 마주하고 있었다. 그 하루의 짧은 멈춤이 내게는 작은 복원력이 되어 나는 그 감각을 오래도록 잊지 않기로 했다.

다시 걷는 익숙한 골목

4장 기억이 머무는 온도

서울에서 일정을 마치고 대구로 내려가는 길, 양평에 잠시 들렀다. 양평에서 꽤 유명하고 늘 사람이 붐비는 식당이지만, 나에게는 한국다문화재단 이사장님의 어머님 댁에 불과하다. 따뜻한 밥을 대접받고, 잠시 바람을 쐬러 뒷골목으로 나섰다.

점심을 마친 뒤에도 잔잔한 공기와 햇살은 나를 어딘가로 이끌었다. 그 길의 끝에서 오래된 철문 하나가 눈에 들어왔다. 문은 반쯤 열려 있었고, 그 안으로 삐죽 나온 대걸레와 낡은 선풍기, 페인트통이 무심하게 놓여 있었다. 이상하게도 그 어지러움이 불편하지 않았다. 오히려 정겹고 다정한 풍경처럼 느껴졌다.

그 문 앞에 서 있으니 묘한 감정이 올라왔다. 지금은 우리가 너무도 크고 바빠진 어른이 되어버렸지만, 마음 한구석에는 여전히 저 오래된 문을 기억하는 작은 아이가 살고 있는 것 같았다.

할머니 댁의 낡은 문, 그 앞을 지날 때마다 이상하게 마음이 편안해졌던 기억. 그 시절의 공기와 냄새, 말없이 스며드는 바람까지 추억이 갑자기 한꺼번에 밀려왔다.

그 순간, 언제나 '정지된 시간'을 담아내던 에드워드 호퍼(Edward Hopper)의 그림이 떠올랐다. 그의 작품「뉴욕의 방(Room in New York)」(1930)에는 바쁜 도시 안의 정지된 한 장면이 있다. 사람들은 있지만 대화는 없고, 불 꺼진 방처럼 내면의 쓸쓸함이 은근히 퍼져나간다.

지금 내가 선 골목도 그랬다. 사람은 없지만 사람의 흔적은 있고, 바람은 불지만 정적이 느껴지는 그런 공간. 문득, 이 문이 오래된 '마음의 문' 같다는 생각이 들었다.

쉽게 열리지 않지만, 한 번 열리면 그 안에는 수많은 시간이 차곡히 쌓여 있는. 누군가는 무심히 지나칠지도 모를 낡은 골목이지만, 나에게는 멈춰 서서 바라보아야 할 작은 장면이자 하나의 전시였다.

벽돌 틈마다, 문짝의 홈마다 세월이 채워져 있었다. 사진도 한 장 남겼지만, 사진보다 더 오래 남는 것은 그 시간의 감정이었다. 문은 열려 있었고, 나는 닫혀 있던 마음의 일부를 그 문 너머에 잠시 놓고 왔다.

그렇게 우리는 때때로 골목의 어느 지점에서 마음이 멈춘다. 그땐 몰랐던 세월의 무게가 지금은 철문 하나, 벽 하나에도 스며 있다.

이 골목을 살아낸 이들이 매일 같이 여닫았을 문일 것이다. 들고 나르고, 정리하고, 또 쓸던 하루의 흔적들이 아무 말 없이 그대로 그 자리에 남아 있었다. 시간은 흘러가지만, 풍경은 쉽게 사라지지 않는다. 달라진 것은 풍경이 아니라, 그것을 바라보는 나의 눈이다.

사진을 찍으며, 나는 생각했다. 이 문은 어쩌면 나를 위한 창이었을지도 모른다고. 무언가를 드러내는 창이 아니라, 내가 지나온 시간과 다시 마주하게 하는 창.

'여기까지 잘 왔다.', '조금 느려도 괜찮다.' 그 문은 그렇게, 나에게 말을 걸고 있었다.

그저 오래된 철문이 전하는 위로. 그 골목은, 잠시 멈춰 서기 좋은 곳이었다.

다름을 받아들이는 연습

전시장에 들어서면 자연스레 발아래를 보게 된다. 작품을 보호하기 위해 설치된 가드 라인.

보통은 철제봉이거나 팽팽하게 당겨진 줄이다. 정해진 경계 안쪽으로는 들어갈 수 없고, 바깥쪽에서 감상하는 것이 '관람자의 태도'라 여겨진다.

그날, 대구 수창맨션에서 본 전시는 조금 달랐다. 익숙한 직선 대신 바닥을 따라 유연하게 흐르는 초록색 테이프 한 줄. 삐뚤빼뚤. 누가 봐도 일부러 곧게 그리지 않은 선이었다. 어느 방향으로 봐도 '정확함'과는 거리가 먼 그 선이 이상하게도 시선을 오래 붙잡았다.

그리고 그 선 앞에서 나는 묘한 위로를 받았다.
꼭 반듯하지 않아도 괜찮다는 말처럼 느껴졌기 때문이다.

우리는 늘 '정확함'과 '정렬됨'을 기준으로 사물을 판단하며 살아간다. 직각이어야 하고, 균형이 맞아야 하고, 예측할 수 있어야 마음이 놓인다. 하지만 그날의 경계는 그 모든 기준에서 벗어나 있었다. 불규칙했고, 삐져나온 듯했고, 완성도보다는 의도가 먼저 보이는 선이었다.

그 라인은 단순히 바닥 위의 안내선이 아니었다. 전시 전체의 메시지를 요약한 문장과도 같았다. 예술은 경계에서 피어나고, 삶은 직선보단 곡선으로 이루어져 있다는 이야기. 그리고 그 곡선 위에서 우리는 잠시 걸음을 멈춘다.

나는 그 선을 따라 천천히 걸었다. 무언가를 지키기 위해 그어놓은 선이지만, 그 부드러움 덕분에 '넘고 싶은 욕심'보다 '지켜주고 싶은 마음'이 먼저 들었다. 삶도 이와 같지 않을까. 명확한 룰과 방향이 정해져 있을 때보다 애매하고 흐릿한 경계 안에서 우리는 오히려 숨 쉴 공간을 찾는다.

그 선을 보며 문득 내 안의 선들을 떠올렸다.
'이쯤은 해야 해.'
'이렇게 보여야 해.'
'이건 넘지 말아야 해.'

그 기준선들은 분명 처음엔 나를 지켜주기 위한 기준이었지만, 어느새 나를 가두는 테두리가 되어 있었다.

수창맨션의 그 삐뚤빼뚤한 선은 그 테두리에서 잠시 벗어나도 괜찮다고 말해주는 듯했다. 꼭 반듯하지 않아도 된다고. 삐뚤고 엇나가고, 중간에 끊겨 있어도 괜찮다고. 그날 나는 예상치 못한 자리에서 작은 쉼 하나를 얻었다. 작품도, 설명문도 아닌, 바닥 위의 테이프 한 줄이 건넨 위로였다.

예술은 결국 이처럼 사소한 디테일에서 우리에게 말을 건넨다. 누군가에게는 그저 테이프일 수 있고, 누군가에게는 정리되지 않은 선일 수 있다. 하지만 나에겐 그 선은 지금의 내 상태를 닮은 한 문장이었다.

'나는 지금 반듯하지 않지만, 그렇다고 틀린 것도 아니다.'

전시를 마치고 나오며 나는 다시 바닥을 바라봤다. 무심히 그어진 그 선 위로 조명이 내려앉고, 그림자가 스며들고 있었다. 그 선은 멈춘 것이 아니라, 계속 흘러가고 있었다. 삶도, 감정도, 경계도 그렇게 완성되지 않은 선 위를 걸어가고 있는 중이었다.

느린 밤, 기억의 필름

4장 기억이 머무는 온도

어느 날 밤, 나는 집 앞 주차장에 차를 대고 내리지 않은 채 한참을 앉아 있었다. 라디오도 꺼두고, 창문도 닫은 채, 그저 고요함만 켜둔 상태였다. 그날따라 생각이 많았고, 어딘가로 향하기보다는 잠시 멈춰 있고 싶었다.

무심코 백미러를 바라보다가, 아주 작은 장면 하나에 시선이 머물렀다. 회색빛 담벼락 앞에 기운 삼각형 팻말 하나. 한쪽으로 기대어, 무언가를 말하려다 멈춘 듯한 모습이었다. 빛도 어둡고, 소리도 없었다.

그런데 그 장면이 이상하게도 다큐멘터리의 한 컷처럼 느껴졌다. 누군가의 삶을 조용히 따라가는 느린 카메라의 시선. 컷 전환도 없고, 배경음도 없는, 그저 오래 바라보다 보면 감정이 서서히 배어드는 장면.

팻말은 마치 이렇게 말하는 듯했다.
"괜찮아, 지금 이대로도 충분해."
기댄 듯, 주저앉은 듯한 그 삼각형이 어쩌면 지금의 나를 닮았다는 생각이 들었다. 세상은 늘 빠르게 움직였고, 나도 그 속도에 맞춰 분주하게 뛰어왔다.

그러다 지칠 때면, 삶이 잠시 멈춘 것처럼 모든 속도가 '0'이 되는 순간이 찾아온다. 어떤 날은 이렇게 천천히 흘러도 괜찮지 않을까 싶다. 잠깐의 멈춤이 나를 게으르게 만들까 봐 두렵기도 하지만, 사실은 그 멈춤이 있어야 다시 움직일 수 있는 게 아닐까.

그날의 백미러 속 장면은 이상하게도 잔상이 오래 남았다. 그림 같지도, 사진 같지도 않은 풍경이었지만 마음에는 또렷하게 각인되었다. 삼각형 팻말은 '경고'가 아니라 '쉼'을 알려주는 표지처럼 보였다.
"지금은 잠시 쉬어가도 되는 구간입니다."
누군가 조용히 그렇게 안내해 주는 듯해서, 묘하게 위로가 되었다.

빛이 거의 없는 구도 속에서 나는 내 마음의 한 장면을 본 것 같았다. 아무 일도 일어나지 않지만, 그 안에선 분명히 무언가가 움직이고 있었다. 생각, 감정, 기억. 마치 느린 필름처럼 내 안을 천천히 지나가고 있었다.

그렇게 한참을 앉아 있다가, 나는 조용히 핸드폰을 꺼내 그 장면을 찍었다. 누군가에게 보여주기 위한 것도, SNS에 올리기 위한 것도 아니었다. 그저 기억해 두고 싶었다.

내 삶이 너무 빠르게 지나가지 않도록, 잠시 멈춰 서서 바라봤던 그 조용한 순간을. 우리는 늘 '의미 있는 일'을 해야 한다고 믿지만, 때로는 아무 의미 없어 보이는 장면 속에 가장 깊은 위로가 숨어 있다.

그날의 밤,
기운 팻말 하나와 그림자뿐인 벽 앞에서 나는 조금 회복되었다. 다큐멘터리에서 자주 나오는 무음의 컷처럼, 감정을 해설하지 않아도 오래 남는 장면이 있다.

나의 그날 밤이 그랬다. 설명할 수 없지만, 무척 의미 있는 장면으로 남았다. 그리고 지금도 가끔 백미러를 볼 때마다 그 장면이 떠오른다. 어쩌면 그것은 지친 나를 조용히 바라보던 또 다른 내가 남겨둔 필름의 한 장면인지도 모르겠다.

유리 너머, 또 다른 시선

강의할 때면 종종 이렇게 말하곤 한다. "미술 감상은 인간관계의 시작과 같다." 눈길이 닿고, 기억에 남고, 자꾸 떠오른다. 예술은 어쩌면 그렇게 사람과 사람을 이어주는 조용한 다리 같은 존재가 아닐까 싶다.

그날도 그런 인연의 하루였다. 갤러리 대표님의 소개로, 목포에서 오랫동안 작가 활동을 이어오신 노라노미술관 관장님을 만나러 가는 길. 4시간의 여정 내내 맑게 갠 하늘과 햇살이 나를 반겼다. 설렘은 늘 그렇듯, 날씨가 좋을 때 더 커진다.

나는 새로운 사람을 만날 때면 마음속에서 그 사람의 이미지를 먼저 그려본다. '미술관 관장님'이라는 타이틀은 묘하게 단정하고 근엄한 이미지를 떠올리게 한다. 하지만 실제 만남은 언제나 상상보다 더 따뜻하다.

그리고 바로 그 순간들이, 내게 예술이 주는 즐거움이기도 하다. 나는 파워 E(Extrovert)형이다. 사람을 만나 에너지를 얻고, 새로운 일을 계획할 때 사람과의 교류에서 가능성을 찾는다.

예술은 내 삶의 일부이자 감정을 북돋우는 연료다. 작가님과 식사를 마친 뒤, 함께 작업실로 향했다. 2층으로 난 계단은 꽤 가팔랐다. 문득 그 계단을 수도 없이 오르내렸을 작가님의 발걸음이 상상됐다.

문을 열자 익숙한 기름 냄새와 수많은 작품이 공간을 가득 채웠다. 작가의 작업실은 언제나 비밀스러운 장소다. 한 사람의 일상과 비일상이 뒤섞여 있는 가장 내밀한 공간. 작품만이 아니라, 그 사람의 '삶'이 놓여 있는 곳. 나는 그 공간을 천천히 둘러보며 보물찾기하듯 시선을 옮겼다.

툭 놓인 듯한 작은 드로잉, 구석에 숨듯 걸린 회화 한 점. 어디에 있어도 작품은 존재감을 발한다. 그리고 그 작품을 알아보는 순간, 스스로가 조금 대견해지기도 한다.

그날, 내 시선은 한 작품 앞에서 오래 머물렀다. 직관적으로 다가왔지만, 그 안의 깊이가 궁금했다.

"이 그림… 어떤 마음으로 그리신 건가요?"

조심스레 물었을 때, 작가님은 한참 나를 바라보다가

"이 그림을 궁금해한 사람이 있었구나." 하고 웃으셨다.

작품은 작가의 마음을 감추지 않는다. 말보다 먼저 감정이 묻어나고, 붓질 하나하나에 솔직함이 스며 있다. 창가에 걸린 그 그림은 시간에 따라 색이 달라지고, 감정에 따라 다르게 보였다. 작가님은 "아이처럼 아무 생각 없이, 정말 행복하게 그렸어요."라고 말씀하셨다.

그 말을 듣는 순간,

내 감정과 작가의 의도가 하나로 포개지는 듯한 희열이 밀려왔다. 한발 물러섰을 때 비로소 눈에 들어온 장면이 있었다. 작업대 위에 놓인 작은 안경, 그리고 닳은 세필붓 하나. 한 사람의 시간을 고스란히 증명하는 오브제들.

그 안경으로 얼마나 많은 풍경을 바라봤을까. 그 붓으로 얼마나 많은 감정을 그려냈을까. 작품은 결국, 그 사람이 세상과 맺은 관계의 흔적이다.

최근의 작업은 오직 세필 하나로 완성되었다고 했다. 작디작은 붓 하나에 작가의 모든 에너지가 집중되어 있다는 사실에 나는 다시금 숙연해졌다. 짧은 만남이었지만, 예술을 사이에 둔 시간은 밀도가 다르다.

우리는 서로 처음 만났지만, 작품 앞에서는 오랜 대화를 나눌 수 있었다. 예술과 감정 사이, 그 어딘가에서 우리는 같은 풍경을 바라보고 있었다. 유리 너머에서 마주한 또 다른 시선처럼, 그날의 만남은 내게 '예술이 사람을 잇는 방식'을 다시 가르쳐 주었다.

예술은 그렇게 낯선 이들을 이어주고, 감정을 꺼내 보여주며, 삶의 어느 순간을 함께 기록한다. 그날의 만남이 그랬듯, 내게는 오래도록 기억될 한 편의 따뜻한 기록이었다.

창가에 머문 가을빛

퇴근 후, 비가 억수같이 내렸다. 집 앞에 도착해 비가 그치길 기다리던 저녁이었다. 차 안은 고요했고, 라디오에서는 잔잔한 음악이 흘렀다. 그 많던 산책하던 사람들조차 사라진, 고요한 밤이었다.

유리에 맺힌 빗방울 사이로 불빛이 아른거렸다. 시간은 느리게 흐르고, 마음은 그보다 더 천천히 움직였다. 그때, 창문에 무언가가 조용히 내려앉았다.

단풍잎 하나.
바람에 실려 와 빗방울에 닿아 멈춰 선 그것은, 어쩌면 나보다 먼저 '멈추는 법'을 아는 존재처럼 보였다. 물방울, 나뭇잎, 조명, 그리고 그 뒤편의 어둠. 모든 요소가 어우러져 하나의 장면이 되었다.

무심한 듯 놓여 있는 풍경이지만, 그 안에는 아주 많은 감정이 겹겹이 쌓여 있었다. 나는 아무 말 없이 그 장면을 바라봤다. 손에 닿지도 않고, 금세 사라질 걸 알면서도 유리창 너머의 세계가 내 안으로 스며드는 느낌이었다.

그런 순간이 있다. 말로 설명할 수 없지만, 분명히 마음이 움직이는 순간. 단풍은 바람에 밀려왔고, 비는 우연히 멈췄고, 나는 잠시 그 안에 머물렀다. 계획되지 않은 이 풍경은 내가 원하지 않았던 타이밍에 오히려 가장 선명한 감동을 선물했다.

그때 문득, 마르셀 뒤샹(Marcel Duchamp)의 말이 떠올랐다.

"The creative act is not performed by the artist alone; the spectator brings the work in contact with the external world by decoding and interpreting its inner qualifications."

창조 행위는 예술가만의 것이 아니다. 관객이 작품을 해석함으로써 비로소 세상과 연결된다.

마르셀 뒤샹(Marcel Duchamp), The Creative Act, 1957년

예술은 누가 만들었다고 단정할 수 없는 순간에도 존재한다. 누군가의 의도가 없더라도, 그걸 바라보는 나의 인식과 감정이 그 장면을 '작품'으로 바꾼다.

　창에 닿은 단풍 하나가 나를 멈춰 세운 것처럼, 우리는 그렇게 불시에 예술을 만난다. 그게 바로, 예술을 알아보는 시선의 힘인지도 모른다. 한참 동안 단풍을 에워싼 풍경을 넋 놓고 바라봤다. 그 잎은 빗물에 흘러내렸고, 장면은 사라졌다.

　하지만 나는 그것을 마음속에 오래도록 간직했다. 사진 한 장을 남겼고, 그 장면은 지금도 내 안에서 천천히 반짝인다.

작은 불빛의 위로

4장 기억이 머무는 온도

모임이 있어 도착한 한 와인바. 클래식이 조용히 흐르고, 잔이 부딪치는 소리는 낮고 부드러웠다. 어두운 조명 아래, 각자의 대화가 겹치고 있었지만 나는 유독 조용한 한 곳에 시선이 멈췄다.

초 하나.

검은 병에 꽂힌 채, 이미 여러 번 불이 붙었다 꺼졌을 흰 초 하나가 그날 나를 붙잡았다. 마치 누군가의 시간이 그대로 쌓여 있는 듯한 촛농, 몇 번이고 다시 붙인 흔적들, 그 모든 것들이 조용히 말하고 있었다.

"괜찮아, 너만 그런 거 아니야."

그날은 이상하게도 몸보다 마음이 더 지친 날이었다. 어떤 이유로도 설명할 수 없는 피로, 그냥 온 세상이 조금은 나에게 무심해 보이는 날. 그런 날이면 나는 사소한 것에 유난히 마음이 끌린다.

오늘은 그게, 바로 저 초였다. 불빛이 너무 세지도, 너무

작지도 않아서 그저 적당히 나를 비췄다. 타오르는 동안 얼마나 많은 시간과 공간을 지났을까. 누군가의 웃음과 침묵, 고백과 눈물 위에서 이 초는 자기 몸을 조금씩 태우며 그 자리를 지켰을 것이다.

"You need chaos in your soul to give birth to a dancing star."

춤추는 별을 탄생시키려면, 영혼 속에 혼돈이 있어야 한다.

프리드리히 니체(Friedrich Nietzsche), 『Thus Spoke Zarathustra』, 1883년

그날 나의 혼돈은 너무 조용했다. 누군가 알아주지 않아도, 그 조용한 불빛 하나가 그것을 대신 이해해 주는 듯했다. 나는 그 자리에서 가만히 앉아 촛불을 바라보며 눈물을 흘렸다. 사람들과 함께 있었지만, 그 순간만큼은 오직 나와 초, 둘뿐인 공간이었다.

울고 싶다는 생각도 없었는데, 눈물이 흘렀고, 그것이 참 고마웠다. 말을 꺼내지 않아도, 조용히 흘릴 수 있는 감정의

출구가 있다는 건 생각보다 큰 위로였다. 그날의 초는 빛을 주는 존재이기보다 그냥 그 자리에 있어주는 존재였다.

  살다 보면 타오르는 일이 고되고, 자신을 조금씩 태워야 할 때가 많지만, 그걸 바라봐 주는 누군가가 있다는 사실만으로도 우리는 다시 불을 붙일 수 있다. 그리고 그 누군가는 꼭 사람이 아닐 수도 있다. 어느 조용한 날의 초 하나가 그 역할을 대신해 줄 수도 있다는걸, 그날 나는 처음 알았다.

진실이 드러나는 얼굴

4장 기억이 머무는 온도

아름답다는 것의 기준은 사람마다 다르다. 작품이 꼭 '아름다워야' 할까? 왜 우리는 미술이라고 하면 가장 먼저 '아름다움'을 떠올릴까? 추하거나 불쾌하다고 해서 작품이 될 수 없는 걸까? 가끔은 이런 물음표들이 머릿속을 떠나지 않는다.

얼마 전, 아는 언니를 따라 책상을 가지러 갔다. 이전까지 미술 학원이었던 공간이 비워졌고, 남은 책상 몇 개를 옮기기 위해 들른 자리였다. 책상을 분리하고 옮기던 중, 내 시선이 한 벽면에 멈췄다.

곰팡이였다.

그런데 이상하게도, 그것이 아지랑이처럼 느껴졌다. 잔잔하고 퍼지듯 피어오르는 그 모습이 어딘지 모르게 예뻐 보였다. 나는 쪼그리고 앉아 사진을 찍었다. 그 모습을 본 언니가 웃으며 말했다.
"야, 그게 뭐 예쁘다고 사진까지 찍냐? 너도 참 희한하다."

하지만 나는 아지랑이를 보면 괜히 기분이 좋아진다. 살랑이는 봄바람 속에서 피어오르는 그것은, 마음이 들뜨는 감정을 품고 있다.

어쩌면 무지개를 연상케 해서일지도 모르겠다. 아지랑이는 단순한 자연 현상이지만, 나에게는 감정의 온기를 불러일으키는 대상이다. 그래서 곰팡이의 그 모양새가 그 순간, 내게는 아지랑이로 보였다.

곰팡이는 자세히 보면 꽤 정교하고 아름다운 형태를 지닌다. 그럼에도 '더럽다'라는 이름 하나로 우리는 그 모든 가능성을 닫아버린다. 우리가 불쾌한 미술 작품을 마주했을 때의 태도와도 닮았다. 마음속 어딘가에서 저항이 일어나고, 우리는 '작품'이라는 이름을 거부한다.

우리는 대체로 '아름다움'에서 감동을 느끼도록 배워왔다. 그건 어쩌면 'art'라는 단어가 '미술(美術)'이라는 번역어로 자리 잡은 탓일지도 모른다.

'아름다움'에 초점을 맞춘 한국어식 해석은 우리가 추한 것에서 감동받을 기회를 좁혀버렸다. 그러나 미술은 아름다움과 추함이 공존하는 예술이다. '그로테스크하다'라는 말처럼, 기괴하거나 혐오스러운 이미지는 때로는 경계를 깨뜨리고 감상의 한계를 넓혀준다.

우리가 느끼는 불쾌감은 외부의 것이 아니라 내 안의 감정일지도 모른다. 내가 마주한 '추함'은 나의 두려움이며, 동시에 내 안의 경계를 깨는 자극이다.

예술은 결국 사유다. 그 사유는 낯섦과 불편함을 받아들이는 데서 시작된다.

1996년, 뉴욕 브루클린 미술관에서 전시된 크리스 오필리의 작품이 그랬다. 그의 「성모 마리아(The Holy Virgin Mary)」는 코끼리 배설물과 포르노 잡지 이미지를 결합해 만들어졌고, '역겹다'라는 비난이 쏟아졌다. 하지만 정작 작가는 이렇게 말했다.

"They are attacking their own interpretation, not mine."

그들은 내 그림을 공격하는 것이 아니라, 자신의 해석을 공격하고 있는 것이다.

크리스 오필리(Chris Ofili), 「성모 마리아(The Holy Virgin Mary)」, 인터뷰(Britannica), 1996년

그 말이 오래도록 마음에 남았다.

예술은 미(美)를 위한 것이 아니라, 사유의 무대다. 그러므로 '추하다'라는 감정 역시 감상의 일부다.

나는 오늘, 곰팡이 위에서 아지랑이를 보았다.

그리고 나만의 감상을 했다. 그게 곧 예술이라 믿는다. 진심을 품은 시선 앞에서는, 세상에 추한 것은 없다.

5장

당신을 향한 예술가의 바람

The Art of
Sensing

그림자 정원에서 띄우는 편지

5장 당신을 향한 예술가의 바람

도시의 아침은 언제나 빠르다. 신호등 소리에 걸음을 맞추고, 눈은 휴대폰 화면에 머문 채 발끝을 보며 걷는다. 그날도 그렇게 정신없이 하루를 시작하고 있었다. 갤러리로 향하던 바쁜 걸음 속, 무심히 발아래를 보는 순간이 있었다. 시간에 쫓기던 발걸음이 멈췄다.

햇살이 쏟아지던 아침, 아스팔트 위로 나무 그림자가 조용히 내려앉았다. 사람들이 스쳐 지나가는 보도블록 위, 푸르른 잎의 형체가 빛과 어우러져 반짝였다.

바람결에 따라 흔들리는 그림자는 마치 살아 있는 것처럼 유려하게 움직였다. 나는 그 자리에 한참을 머물렀다. 이따금 삶은 우리를 아래로 고개 숙이게 만든다. 고단한 하루, 다친 마음, 다다르지 못한 목표들. 그럴 땐 눈을 들 힘도, 풍경을 바라볼 여유도 사라진다.

하지만 바로 그때, 누군가의 시선에서는 보이지 않는 아래에서 그림자는 조용히 우리 곁에 다가온다.

"괜찮아, 네가 멈춰 선 그곳도 나쁘지 않아."
소리 없는 위로가 발끝에서 들려왔다.

그 위로와 함께 클로드 모네(Claude Monet)의 「라 그르누예르(La Grenouillère)」(1869)가 떠올랐다. 수면 위로 부서지는 햇살, 나뭇잎의 그림자가 반짝이며 번지던 풍경. 빛과 그림자가 서로의 존재를 증명하듯 화면 가득 번져왔다.

빛은 화가들에게 단순한 '밝음'이 아니다. 그건 감정을 표현하는 가장 순수한 언어다. 그리고 그림자 역시, 그 빛이 만들어 준 선물이다.

우리는 늘 완전한 태양을 좇으며 살아가지만, 그림자 속에 머무는 시간 또한 우리에게 꼭 필요한 빛의 형태다. 빛이 있어야 그림자가 생기고, 그 그림자는 결국 마음이 쉬어갈 수 있는 작은 정원이 되어준다.

예술가로 산다는 건, 이처럼 누구도 바라보지 않는 순간을 오래 들여다보는 일이다. 남들이 무심히 지나치는 장면에서 이야기를 발견하고, 그 감정의 결을 기억해 두는 일. 그건 기록이기도 하고, 때로는 나를 위한 위로이기도 하다.

그림자는 말이 없다. 하지만 때로는 말보다 더 진하게 마음을 어루만져 준다.

당신의 하루도 고단한가요?
혹시 너무 멀리 와버린 것 같나요?
그렇다면 잠시만, 당신의 발끝 아래로 시선을 돌려보세요.

거기, 그림자 정원이 있습니다. 비록 도시 한복판이라도 그림자가 머무는 그 자리는 어김없이 자연의 흔적이 깃든 공간입니다. 이따금 도시의 단단한 바닥도 마음을 쉬게 해주는 흙길처럼 느껴질 수 있습니다.

누군가의 시선이 아닌, 오직 당신만의 감각으로 느껴보는 이 순간이 당신을 다시 삶의 중심으로 데려다줄 거예요.

"빛이 없는 곳에서, 그림자는 새로운 길을 만들어 낸다."

오늘도 그 작은 그림자 하나가 당신의 하루에 조용히 내려앉아 잠시라도 숨 쉴 수 있는 쉼이 되어주기를 바랍니다.

노을이 그려낸 하루의 끝

한 통의 연락이 왔다.

학원을 그만둔 지 제법 시간이 흐른 어느 날, 조심스럽게 연락을 주신 학부모님이었다.

"원장님, 잘 지내시죠? 우리 아이, 원데이 한 번 할 수 있을까요?"

그 한마디에 마음이 따뜻해졌다. 한때 매주 얼굴을 보던 아이가 다시 내 공간을 찾아온다는 사실만으로도, 기억의 한 조각이 포근히 깨어나는 느낌이었다.

그날은 다소 쌀쌀한 오후였다. 햇살은 있었지만 바람 끝이 차가웠다. 문을 열고 들어온 아이는 멋쩍은 듯 웃으며 따뜻한 차 한 잔을 내게 건넸다. 잠시의 어색함도 금세 사라졌다. 우리는 예전처럼, 아무렇지 않게 수다를 이어갔다.

나는 캔버스 하나와 아크릴 물감을 꺼내주었다. 어떤 대단한 작업도 아니었다. 그저 음악을 들으며 좋아하는 그림을 찾아 마음 가는 대로 색을 칠해보는 시간.

아이의 선택은 고흐의 「해바라기」였다.

노란색을 반복해 칠하고, 꽃을 그리고, 배경을 메운 뒤 아이의 시간은 끝이 났다.
"이건 다음에 이어 그릴래요."
짧은 인사와 함께 아이는 돌아갔다. 그림은 완성되지 않은 채, 벽에 세워진 캔버스로 남았다. 조용한 작업실로 저녁 빛이 스며들었다. 창밖에서 흘러든 햇살이 사선으로 그림 위를 가로질렀다. 책 위에 올려둔 화분이 길게 그림자를 드리웠다.

그 순간, 나는 걸음을 멈췄다.
아이의 그림과 빛과 식물이 만들어 낸 조합. 그건 의도하지 않은 완벽한 한 장면이었다. 노란 바탕 위로 드리워진 식물의 선들, 아직 미완인 꽃의 형태, 그리고 벽에 반사된 따뜻한 빛의 결. 그건 아이와 내가 함께 만든 두 번째 그림 같았다.

하나는 물감으로, 다른 하나는 빛과 그림자로 완성된 작품. 어쩌면 아이는 오늘 그림을 끝내지 않은 것이 아니라, 다음 약속까지의 시간을 작품 속에 남겨둔 것일지도 모른다. 언젠가 누군가가, 어느 오후 그 장면을 바라보게 되기를 바랐던 것처럼.

예술은 때로 의도가 아닌 우연에서 태어난다. 그리고 그 우연은 마음을 아주 조용히 적신다. 열 해 넘게 수많은 아이들을 만나며 셀 수 없이 많은 그림을 보아왔지만, 그날처럼 작은 순간이 나를 그렇게 오래 붙잡은 적은 많지 않았다.

아이의 마음이, 햇살의 색이, 식물의 선이 한 장의 장면 속에 스며든 오후. 그때 나는 생각했다. 예술은 꼭 거창하지 않아도 된다. 누군가의 손길이 잠시 머문 자리도, 빛이 조용히 지나간 공간도 충분히 아름답다.

그림은 아이가 그렸지만, 그날의 완성은 시간과 공간이 함께한 협업이었다. 나는 그 캔버스를 치우지 못했다. 언젠가 아이가 돌아와 다시 그릴 수도 있겠지만, 어쩐지 지금 이 순간이 이미 완성처럼 느껴졌다.

해가 지고 그림자는 사라졌지만, 그 장면은 내 마음속에 여전히 빛으로 남아 있다. 그림 한 점과 저녁 한 줄기가 만나 작은 기적처럼 피어났던 순간. 그게 바로, 내가 이 일을 계속하는 이유다.

누군가의 하루에 이 작은 빛이 되어줄 수 있다는 것. 그 사실 하나로 오늘도 나는 이 자리에 다시 붓을 든다.

다리 위, 붉은빛의 약속

서울로 향하던 어느 밤이었다. 대구에서 수업을 마치고 서둘러 짐을 챙겨 운전대를 잡았다. 꽤 먼 거리였고, 늦은 시간이었지만 도로는 여전히 붐비고 있었다. 막힌 길 위, 피곤이 밀려올 때면 나는 어김없이 창밖으로 시선을 돌리곤 한다.

서울 외곽의 다리 위에서, 하늘이 나에게 말을 걸었다. 짙은 남색과 주황빛이 맞닿은 하늘은 불빛처럼 번져가며 도시의 실루엣 위로 하루가 아주 천천히 저물고 있었다. 도시의 어깨 너머, 하루의 마지막이 뿜어낸 가장 따뜻한 색 노을.

사람마다 노을을 바라보는 감정은 다르다. 누군가에겐 슬픔일 수 있고, 누군가에겐 하루의 끝을 인정하는 순간일지도 모른다. 하지만 내게 노을은 안정이다. 하루가 종점에 닿았음을 알려주는, 그래서 오히려 안심이 되는 풍경.

그날의 노을은 특별했다. 서울로 들어서는 다리 위, 수많은 차가 멈춰 있었지만, 하늘은 아무 일 없다는 듯 묵묵히 붉어지고 있었다. 신호가 멈춘 순간, 나는 핸드폰을 들어 한 컷

남겼다.

그러나 셔터보다 먼저 내 마음에 들어온 건 터너의 그림에서 느껴지는 그 황홀한 순간의 감각이었다.

조지프 말러드 윌리엄 터너(Joseph Mallord William Turner).

빛과 시간의 경계를 물감으로 풀어낸 화가. 그는 1818년 강연에서 이렇게 말했다.

"Light is therefore colour."

빛은 곧 색이다.

조지프 말러드 윌리엄 터너(Joseph Mallord William Turner), 강연, 1818년

그날의 노을은 내 하루에 색을 더해주었다. 잠시 멈춘 신호와 정적, 그리고 붉게 번지던 하늘.

나는 그 풍경을 마음 깊이 새겼다. 어쩌면 진짜 예술은 멀리 있지 않다. 누군가가 준비한 전시가 아니라, 우리가 불현듯 마주한 풍경 속에서 조용히 피어나는 감정들.

그날의 노을은 단지 저물어가는 하늘이 아니었다. 내 마음에도 작은 빛을 내려준, 터너의 붓끝 같은 위로였다.

마음이 쉬어가는 정물화

살다 보면, 가족은 아니지만 가족처럼 느껴지는 사람들이 있다. 늘 웃기만 하는 사이는 아니고, 때로는 부딪히고 감정이 오가기도 한다. 그럼에도 불구하고 마음은 늘 따뜻하다. 말로 설명되지 않는 신뢰와 애정이 있는 관계. 그 사람의 집은 언제나 열려 있다.

언제 찾아가도 말없이 이불을 내어주고, 힘들다는 기색이 느껴지면 조용히 커피를 내려준다. 침묵이 필요해 보이면 아무 말 없이 곁을 지켜준다. 그날도 그런 밤이었다. 긴 일정을 마치고 지쳐 쓰러지듯 잠이 들었는데, 아침에 눈을 뜨자마자 이 장면이 눈에 들어왔다.

흰 접시에 정성스레 올려진 토스트, 은근히 김이 오르는 따뜻한 커피 한 잔, 그리고 말없이 곁들여진 귤과 바나나. 그건 단지 식사가 아니었다. 말 대신 놓인 마음이었다.

'어제 힘들었지?'라는 말도, '편히 쉬어'라는 위로도, 모두 이 식탁 위에 있었다.

나는 잠시 멍하니 바라봤다. 아무 말도 하지 않았지만, 눈앞의 장면은 한 폭의 그림 같았다.

마치 앙리 판탱라투르(Henri Fantin-Latour)의 정물화처럼. 심플하지만 정제되어 있고, 절제되어 있지만 따뜻한. 과하지 않게 준비된 이 식사는 나를 '돌봄'이라는 단어로 조용히 감쌌다.

"Painting is silent poetry, and poetry is painting that speaks."

그림은 말 없는 시요, 시는 말하는 그림이다.

시모니데스(Simonides of Ceos)

식탁 위의 이 한 장면은 내게 시와 같았다. 하루를 시작하는 데 필요한 모든 온기를 품고 있었다. 우리는 가끔, 사랑은 거창한 표현으로 드러나야 한다고 생각한다. 하지만 가장 깊은 사랑은 언제나 이처럼 말없이 준비된 일상의 디테일 속에 숨어 있다.

조금 덜 구워진 토스트, 살짝 묽은 커피, 껍질에 흔적이 남은 과일 하나까지도 모두 나를 위한 마음이었다. 나는 조용히 커피를 들었다. 그 안에서 향기보다 먼저 느껴진 것은 그 사람의 온기였다.

모든 것이 교차하는 순간

나는 유독 파란색을 좋아한다. 더 정확히 말하면, 코발트 블루를 좋아한다. 말하지 않아도 알 만큼, 내 주변 곳곳엔 그 색이 놓여 있다. 그런 걸 알아차리고 기억해 주는 사람이 있다는 건 참 따뜻한 일이다. 내가 좋아하는 색, 내가 오래 바라보는 것들을 기억해 주는 사람.

이 파란 유리병은 같은 것을 좋아하는 한 친구이자 선생님이 보내준 선물이다. 우리는 예술을 좋아하고, 전시를 함께 보러 다니는 전시 메이트이기도 하다.

빛과 그림자에 반응하는 순간이 닮았다. 그 선생님은 종종 나를 떠올리며 예쁜 것들을 보내준다. 생각보다 투박한 나와 달리, 아주 정성스럽고 세심하게 자신만의 색을 담아 예쁘게 포장해 보낸다.

이 유리병도 그렇게 내게 도착했다. 그 안에는 단지 물이 아니라, 선생님의 마음이 담겨 있었다. 햇살이 고요하게 내려앉던 날, 나는 식물 한 줄기를 살며시 꽂았다. 맑은 물속에서 천천히 뿌리가 내려앉고, 그 투명한 파랑 안에서 나의 하루도 함께 숨 쉬기 시작했다.

그 안에서 생명은 조용히 움직이고 있었다. 시간도, 빛도, 감정도 천천히 스며들어 있었다.

사진을 찍게 할 정도로 인상적인 그림자. 병의 곡선을 따라 휘어진 파랑, 잎의 윤곽이 흐릿하게 겹친 실루엣.

그건 단순한 빛의 반사가 아니라, 물과 유리와 식물과 햇살이 만든 하나의 풍경이었다.

오래도록 바라보게 만드는 장면이었다. 빛은 위에서 아래로 떨어지지만, 그 빛이 닿는 자리에 마음이 움직인다면, 그건 이미 예술이 된다.

"Color is my day-long obsession, joy and torment."

색은 나의 하루 종일의 집착이자, 기쁨이자, 고통이다.

마르크 샤갈(Marc Chagall), Vogue, 1977년 3월 1일

마르크 샤갈(Marc Chagall)의 말처럼, 말보다 앞서는 감정이 있다. 설명 없이도 전해지는 온기. 이 파란 유리병은 나에게 그런 존재였다. 기도처럼 조용하고, 침묵처럼 깊은 위로.

때로 마음이 복잡할 때면, 나는 이 병을 꺼내 바라본다.
파란색이 주는 안정, 그 안에 담긴 마음, 그리고 물 위에서 자라는 생명의 조용한 움직임. 오늘 하루도 어지럽고 분주했지만, 이 장면 하나로 충분히 위로받았다.

사람이, 식물이, 빛이, 그리고 한 그릇의 파랑이 나에게 말을 걸어왔다.
'너는 지금도 충분히 괜찮다.'
나는 그 말을 듣는 듯, 조용히 웃었다.

작음이 가진 힘

비가 오는 날이었다. 바닥에는 이미 빗물이 고여 있었고, 지붕 끝마다 떨어지는 물방울 소리가 잔잔한 리듬을 만들고 있었다. 그런 날은 왠지 모르게 사물들이 내게 말을 거는 것만 같다.

아무런 소리도 내지 않지만, 마음은 계속 그쪽을 향해 머문다. 천막 아래, 파란 물통 옆에서 시선이 멈췄다. 작은 흰 천이 기둥을 타고 꼬깃꼬깃하게 묶여 있었다. 비닐 천하나, 케이블 타이 몇 개, 그리고 금속 기둥. 전혀 어울리지 않는 조합이었지만 그 안에서도 하나의 장면이 완성되어 있었다.

누군가 등을 돌린 채 커다란 통을 꼭 안고 있는 모습 같았다. 자세히 보면 장화를 신고 비옷을 입은 꼬마의 뒷모습처럼 보였다. 빗물에 젖은 등에 힘이 들어가 있었고, 그 작은 등이 조용히 무언가를 막아주는 듯했다.

빗소리는 멈추지 않았지만, 그 아래 서 있는 그 작은 존재는 묵묵히 자리를 지키고 있었다.

마치 "내가 지켜줄게."라고 말하는 것 같았다. 비닐처럼 보이는 흰 천은 옷자락이 되어, 작은 발끝은 물웅덩이에 잠겨 있었다.

그 장면 앞에서 이상하게도 마음이 뭉클해졌다. 누군가를 대신해 비를 맞아주는 사람들, 말없이 묵묵히 자리를 지키는 존재들. 기능적으로는 단지 빗물을 흘려보내는 장치였지만, 그날의 그것은 내게 하나의 이야기로 다가왔다.

사람도 그렇다. 누구나 말은 하지 않지만, 자신만의 방식으로 누군가를 지켜주는 순간이 있다.

누군가의 쉴 곳이 되어주거나, 누군가의 짐을 들어주거나, 그저 곁에 있어 주는 것만으로도 작은 우산이 되어주는 사람들. 나에게도 그런 사람들이 있었기에 버틸 수 있었다.

흰 천의 작은 꼬마.

그 작디작은 존재가 자기 몸보다 훨씬 큰 파란 물통을 꼭 끌어안고 있었다. 기우는 걸 막으려는 듯, 그대로 안은 채 버티고 있는 모습. 그 상상을 하니, 빗소리가 조금 더 따뜻하게

들렸다.

 세상 모든 사람들에게, 이날의 빗방울이 잠시 쉬어가는 리듬이 되기를 바랐다. 우리는 매일 비슷한 하루를 살아가지만, 어떤 날은 전혀 예상치 못한 풍경이 마음 깊숙이 남는다. 그건 언제나 아주 작고 사소한 것에서 시작된다.

 천 하나, 물통 하나, 비 오는 오후. 누군가는 전혀 알아채지 못했겠지만, 나에게 그 장면은 하나의 추억이 되었고 삶의 한순간으로 남았다. 비를 막아주는 꼬마의 등, 조용히 무언가를 지켜내는 흰옷, 물결 위에 번진 감정 하나.

 그리고 문득,
 나도 누군가에게 그런 존재였으면 좋겠다는 생각이 들었다. 아주 조용하게, 아주 작게, 하지만 조용히 곁에 서서, 그 마음을 지켜주는 사람으로.

하얀 대화, 조용한 마침표

가족여행을 갔다. 겨울 아침, 추워서일까? 아니면 설레어서일까? 그 어느 때보다 일찍 하루를 맞이했다. 밤새 하얀 눈이 소복이 내렸고, 세상은 조용했다. 대구에서는 좀처럼 보기 어려운 풍경이었다.

마당 한켠, 두 개의 녹슨 철제 의자 위로 하얀 눈이 차분히 내려앉아 있었다. 마치 오래된 친구들이 조용히 대화를 나눈 뒤, 잠시 말을 멈추고 서로의 온기를 기다리는 듯한 풍경이었다.

눈은 모든 것을 덮는다.
'덮는다는 것'은 사라지게 하는 일이 아니라, 잠시 멈추게 하는 일인지도 모른다. 의자는 오래되었고, 누군가의 손길이 한동안 닿지 않았던 흔적이 가득했다. 나무판은 거칠게 깎여 있었고, 철제 다리는 녹슬어 있었다.

하지만 그 위에 내려앉은 눈은 그 모든 세월을 포근하게 감싸주고 있었다. 때로는 오래된 상처도, 지나간 감정도, 그 위에 조용히 내려앉는 무언가가 있으면 잠시 쉬어갈 수 있는 법이다.

눈처럼, 그렇게 말이다.

그 장면을 바라보다 문득 에드워드 호퍼의 그림이 떠올랐다. 그의 작품 속 인물들처럼, 이 두 개의 의자도 아무 말 없이 무언가를 전하고 있었다.

"괜찮아. 지금은 이렇게 잠시 조용히 있어도 돼."

그 말이 바람을 타고 내 마음에 닿는 듯했다. 이런 장면을 알아차릴 수 있는 감각을 내가 여전히 간직하고 있다는 사실이 좋았다. 그건 내가 여전히 일상을 예술로 살아가고 있다는 증거였다.

사람들은 무심히 지나치는 오래된 의자, 눈 덮인 조용한 공간, 그 안의 기척 없는 대화를, 나는 오래 바라본다. 그리고 그 안에서 아주 작은 온기를 발견한다. 빛은 언제나 존재했지만, 그 존재를 알아차리기까지는 시간이 필요하다. 겨울의 풍경 속에서도 우리는 여전히 느끼고, 기억하고, 사랑한다.

가끔은 말없이 머무는 것만으로도 충분한 위로가 된다. 함께 앉아 주고, 함께 내려앉아 주는 것. 그게 사람 사이에서 가장 따뜻한 감정일지도 모른다.

아마 그래서일 것이다. 이 장면은 내게 하나의 '그림'처럼 다가왔다. 일상 속 정물처럼 멈춰 있는 의자, 그 위에 쌓인 눈, 그리고 겨울 햇살. 그림은 꼭 화폭 위에만 존재하는 것이 아니었다.

이 세상은 여전히 그림으로 가득하다. 우리가 발견하지 못했을 뿐이다. 그리고 나는 오늘, 눈 덮인 두 개의 의자에서 한 줄기의 다정한 시선과 고요한 대화, 작지만 따뜻한 빛 하나를 눈에 담았다.

에필로그

그저 바라보는 일상이 아닌,
예술로 살아내는 하루를 위해

 책을 덮기 전, 나는 당신에게 다시 한번 조심스럽게 말을 걸고 싶다. 이 글들을 통해 누군가의 하루가 조금은 따뜻해졌기를, 무심히 지나치던 장면 하나가 다시 빛으로 되살아났기를 바란다.

 나는 여전히 평범한 하루를 산다. 아이들과 웃고, 전시를 준비하며, 때로는 글을 쓰고, 때로는 붓을 잡는다. 그렇게 반복되는 일상에서 나는 감각을 회복하고, 마음을 되살린다.

 예술은 거창한 무대 위에만 존재하지 않는다. 완성된 작품보다 중요한 건, 매일의 순간을 예민하게 느끼는 일이다. 길 위의 한 장면 앞에 멈춰 설 때, 그 순간을 놓치지 않으려는 그 마음이 이미 예술이다.

혹시 당신도 그런 적이 있지 않은가? 창밖의 빛이 유난히 따뜻하게 느껴지던 날, 낯선 골목의 색이 이상하게 그리웠던 저녁. 그건 분명, 당신의 감각이 되살아난 순간이었다.

이 책이 전하고자 한 말은 단 하나다.
"당신의 일상도 이미 충분히 예술적입니다."

바쁘게 흘러가는 하루 속에서도 예술은 늘 그 틈에 존재한다. 익숙한 풍경 속에서 낯섦을 발견하고, 낯선 곳에서 익숙한 마음을 만나는 그때, 우리는 비로소 '살아 있음'을 느낀다.

책을 덮고 난 당신의 눈이 조금은 더 섬세해지고, 조금은 더 다정해지기를 바란다. 오늘 당신의 하루 어딘가에 머무는 그 작은 빛 하나가 당신의 감정을 다시 되살리고, 삶을 예술로 바꿔줄지도 모른다.

이제 나의 하루는 다시 시작된다. 그리고 그 하루 또한 또 하나의 작품이 되어 언젠가 다시 당신을 찾아올 것이다.

그때까지, 우리 각자의 자리에서 '빛이 머무는 일상'을 느끼며, 예술로 회복하는 삶을 살아가길.